Jürgen Kühl

Medizinische Aspekte der gemeinsamen Erziehung behinderter und nichtbehinderter Kinder

DJI
Materialien
Reihe: Integration
behinderter Kinder

Das Deutsche Jugendinstitut e. V. (DJI) ist ein zentrales sozialwissenschaftliches Forschungsinstitut auf Bundesebene mit den Abteilungen Familiale Sozialisation, Vorschulerziehung, Jugendhilfe/Jugendpolitik, Sozialisation und Arbeit im Jugendalter sowie Dokumentation/Information. Es führt sowohl eigene Forschungsvorhaben als auch Auftragsforschungsprojekte durch.

Die Finanzierung erfolgt überwiegend aus Mitteln des Bundesministeriums für Jugend, Familie und Gesundheit und im Rahmen von Projektförderung aus Mitteln des Bundesministeriums für Bildung und Wissenschaft. Weitere Zuwendungen erhält das DJI von den Bundesländern und Institutionen der Wissenschaftsförderung.

Das Projekt „Integration von Kindern mit besonderen Problemen" wird vom Bundesminister für Bildung und Wissenschaft gefördert.

Das Umschlagfoto entstand im integrativen Montessori-Kindergarten des Kinderneurologischen Zentrums in Mainz.

Umschlagfoto: G. Reichle, R. Behrends, Darmstadt
Satz: ts Ingrid Geithner, 8059 Walpertskirchen, Pappelstr. 4
Druck: Maro Druck, Augsburg
Vertrieb: Deutsches Jugendinstitut, Saarstr. 7, 8000 München 40
Printed in Germany
ISBN 3-87966-168-5

VORWORT

Das vorliegende Buch ist Bestandteil einer Veröffentlichungsreihe des Projekts „Integration von Kindern mit besonderen Problemen" am Deutschen Jugendinstitut. In den letzten Jahren wurde die Integration von behinderten Menschen auch in der Bundesrepublik zu einem immer häufiger diskutierten Thema. Darin drückt sich eine wachsende Unzufriedenheit mit dem bestehenden System der Behindertenhilfe aus, das mit seiner Schaffung großer, gutausgestatteter, aber meist isolierter und zentralisierter Sondereinrichtungen in einem deutlichen Widerspruch zur immer wieder postulierten Zielsetzung einer sozialen Integration von benachteiligten Menschen steht.
Da die Prozesse der Desintegration von Behinderten nicht erst mit dem Schuleintritt oder dem Eintritt ins Arbeitsleben beginnen, sondern entsprechende Weichen bereits im vorschulischen Alter gestellt werden, wurde 1979 am Deutschen Jugendinstitut in München eine Projektgruppe eingerichtet, die sich mit den Möglichkeiten und Grenzen einer sozialen Integration von behinderten Kindern im Elementarbereich befaßt.
Gegenstand der bisherigen Projektarbeit war die Situation integrativer Kindergärten, derjenigen Kindergärten also, die sich die gemeinsame Betreuung und Förderung behinderter und nichtbehinderter Kinder zur speziellen Aufgabe gemacht haben. Dabei ging es darum, die Erfahrungen, die diese Einrichtungen mit dem Zusammenleben der Kinder machen konnten, zu sammeln, sowie Einsichten in die notwendigen Rahmenbedingungen und die mit dieser Konzeption verbundenen Probleme zu gewinnen. Im Rahmen dieser Untersuchung wurde deutlich, daß medizinische Aspekte eine vorrangige Rolle bei der Betreuung behinderter Kinder und damit auch bei der Frage der Integration spielen. Eltern, Kinder und Erzieher machten allerdings meist die Erfahrung, daß die medizinische Diagnose vornehmlich der Festschreibung diente, und damit eine entscheidende Funktion für die Zuweisung zu Sondereinrichtungen und speziellen Therapien hatte. Es ist aber die Frage, ob sich die Rolle der Medizin in einer solchen normierenden und letztlich aussondernden Funktion erschöpfen muß, oder ob sie nicht vielmehr als Hilfe

bei der Entwicklung weitgehend normaler Lebensverhältnisse dienen kann. Damit aber stellt sich die Frage, inwieweit die Medizin bereit und in der Lage ist, ihre ausschließlich medizinische Betrachtungsweise, die sich vornehmlich am Defekt und am Somatischen orientiert, zu verlassen, und Aspekte aus dem persönlichen wie auch sozialen Bereich in eine insgesamt mehr dynamische Sicht einzubeziehen.
Prof. Dr. Jürgen Kühl, den die Projektgruppe als Gutachter zu diesem Thema gewinnen konnte, ist Kinderarzt und arbeitet als Sozialmediziner in der Ausbildung von Sozialarbeitern und Sozialpädagogen an der Fachhochschule Ostfriesland in Emden. Prof. Kühl ist beratend in Frühförderstellen tätig und hat auch Kontakte zu integrativen Kindergärten in Emden und Bremen, aus denen sein Interesse an Fragen der gemeinsamen Erziehung behinderter und nichtbehinderter Kinder erwuchs.

Projektgruppe „Integration von Kindern
mit besonderen Problemen"

INHALTSVERZEICHNIS

EINLEITUNG

Das Wort „Integration" ist ein Modewort. Dabei fällt auf, daß es keineswegs in seiner Bedeutung einheitlich benutzt, noch die gleichen Absichten mit dem Gebrauch verfolgt werden. Wir müssen uns darüber im klaren sein, daß der Begriff „Integration" eine vorangehende Ausgrenzung einschließt. Wozu müßte sonst „Integration" gefordert werden? Der Umgang mit diesem Wort und das dahinter stehende Denken sollten uns also immer skeptisch stimmen, sowohl was unser eigenes Denken und Handeln als auch das anderer Menschen – Laien wie Professioneller – angeht.

Ein gesellschaftliches Akzeptiert-Sein bzw. eine Aussonderung vollzieht sich auf der Grundlage von Normvorstellungen. Diese sind zwar in stetigem Wandel begriffen, haben aber als solche stets ihre Funktion im Sinne eines Machtinstrumentes. Daran haben wir als „Experten" einen entscheidenden Anteil. Die immer subtileren Methoden der Normierung, Klassifizierung, Diagnose und daraus abgeleiteter Therapie wurden von uns entwickelt, von uns angewandt, ohne daß diejenigen, um die es geht, darin mehr als passiven Anteil haben. Wir vergessen dabei, daß ein menschliches Individuum zunächst eine ihm eigene, immanente Norm hat, die es mit auf die Welt bringt und die es entsprechend innerer und äußerer Gegebenheiten weiter entwickelt. Indem jedoch das Maß gesellschaftlich festgelegter Normvorstellungen angelegt wird, entstehen erst Begriffe wie „Normalität" und „Abnormalität", die zu kennzeichnenden Eigenschaften eines Individuums werden und in letzterem Fall zum wesentlichen Hemmnis zwischenmenschlicher Beziehungen.

Daran habe ich als Arzt – und ich verstehe mich dabei als einen von vielen – einen entscheidenden Anteil. Indem ich Symptome feststelle, sammle, klassifiziere, diagnostiziere, besteht die Gefahr, daß ich sie vom Subjekt trenne und sie zum Gegenstand meiner Überlegungen mache. Ihre Behandlung, ihre Beeinflussung, vielleicht sogar Heilung stehen im Vordergrund. Ein solches Vorgehen mag im Zusammenhang mit einer Krankheit seine (eingeschränkte) Bedeutung haben. Kann man aber bei

organischen Schäden, die einer Behinderung zugrunde liegen, in gleicher Weise wie bei einer Krankheit vorgehen?
In der Regel ist der organische Schaden ein feststehender, der selbst nicht beeinflußbar ist. Er manifestiert sich jedoch im Entwicklungsprozeß des Kindes entweder als Verzögerung oder als deutliche Einschränkung. Das heißt also, daß sich unser Denken und Handeln dem Entwicklungsprozeß unterordnen muß und ihn keinesfalls medizinisch dominieren darf. Das führt oft zu Konflikten. Das uns Ärzten eigene normative Denken und die Tendenz, durch aktives Handeln Veränderungen zu bewirken, bezieht behinderte Kinder und deren Eltern oft in eine umfangreiches Therapieprogramm ein und entfernt sie damit von der Auseinandersetzung und dem Lernen im Alltag und kann sie daran hindern, unbelastete Beziehungen aufzubauen. Diese Situation findet in sonderpädagogischen Maßnahmen und Institutionen ihre Ergänzung.
Die aufgezeigten Gefahren sind Anlaß gewesen, ein Übermaß an Therapie und ein ausgedehntes System von Sondereinrichtungen in Frage zu stellen. An vielen Orten in Deutschland wurden unter ganz unterschiedlichen äußeren Bedingungen Initiativen gestartet, behinderte und nicht behinderte Kinder in Regeleinrichtungen gemeinsam pädagogisch zu fördern. Das wird auch im Bereich des Kindergartens als „Integration" bezeichnet. So entstand diese Schrift veranlaßt durch die Mitarbeiter des Projektes „Integration von ‚Kindern mit besonderen Problemen' im Kindergarten" am Deutschen Jugendinstitut e. V. München. Ich habe den Begriff „Integration" im Titel bewußt vermieden und mich für „gemeinsame Erziehung" entschieden. So verstehe ich diese Schrift als Beitrag zur Diskussion über Wege und Möglichkeiten, eine Aussonderung zu verhindern. Ich meine, daß auch unser Sprachgebrauch deutlich machen sollte, welche Absichten wir verfolgen.
Alle Kinder gehören in den Kindergarten. Dies zu ermöglichen, ist unsere Aufgabe. Kinder, denen organische Schäden die Auseinandersetzung mit ihrer Umwelt erschweren, sind zuallererst *Kinder*, denen unser Handeln verpflichtet ist, d. h. sie haben wie alle anderen das Recht, Zugang zur Alltagswelt zu haben, in dieser menschliche Kontakte zu finden, zu lernen und sich zu entwickeln. Dabei *ersetzt* die pädagogische Förderung zusam-

men mit allen Kindern im Kindergarten sicher nicht Therapie und gezielte Förderung. Aber beide Ansprüche müssen in einem sinnvollen Nebeneinander verwirklicht werden.
Dazu kann der Arzt beitragen. Für den Kindergartenalltag sollte das in zweierlei Weise geschehen:

1. die Fähigkeiten wie Probleme des Kindes müssen individuell geklärt werden ebenso wie der Stellenwert der Therapie,
2. für die Pädagoginnen und Pädagogen muß deutlich sein, wie die spezifische Situation des Kindes sich im Alltag darstellt, d. h. Ansatzpunkte für den pädagogischen Prozeß zu finden.

In dieser Schrift wird der Versuch unternommen, zu den beiden genannten Punkten aus der Sicht des Arztes allgemeine Überlegungen anzustellen. Es ist dabei unvermeidlich, den ,,aussondernden" Sprachgebrauch anzuwenden, allzusehr sind wir damit im Alltag vertraut. Dieses Bewußtsein ist aber die Grundlage dafür, sich Schritt für Schritt davon zu lösen und neue Wege zu gehen.
Wenn geschädigte Kinder in den Kindergarten aufgenommen werden, so wird in der Regel die Frage nach der ,,Integrationsfähigkeit" aufgeworfen. Das ist eigentlich eine zweiseitige Angelegenheit, sie wird aber allermeist auf die Situation des Kindes reduziert. Gehen wir also vom Kind aus, so wird man sich durch die Betrachtung der einzelnen ,,Krankheitsbilder" oder ,,Behinderungssyndrome" allgemein der Fragestellung nur teilweise annähern können, insofern als der Schweregrad der Beeinträchtigung bei derselben Diagnose sehr unterschiedlich sein kann. Es ist also unmöglich, ein Kind mit Diagnose X als integrationsfähig und ein anderes mit Diagnose Y als nicht integrationsfähig zu bezeichnen.
Deswegen wird hier ein Weg von mir für die folgenden Überlegungen gewählt, der versucht, zwischen medizinischen Erkenntnissen und den Modellen und Forschungsergebnissen der anderen Humanwissenschaften eine Verbindung herzustellen, die in der aktuellen Situation des Kindergartens zum Verständnis der Probleme von ,Kindern mit besonderen Problemen' weiterhelfen könnte.
Ich gehe davon aus, daß zwischen Kindern und Erwachsenen im Kindergarten Interaktions- und Kommunikationsprozesse ablaufen, daß die Kinder sich entwickeln, daß sie lernen. Die

Persönlichkeitsentwicklung läuft ab, ganz gleich wie schwer die Einschränkung dabei ist.
Dementsprechend versuche ich an Modellen der Interaktion und Kommunikation sowie der Entwicklung und des Lernens allgemeine Betrachtungen anzustellen, wie körperliche Schäden in diesem Prozeß interferieren. Es versteht sich von selbst, daß diese Prozesse anders ablaufen, wenn Kinder mit ähnlichen Schädigungen ausschließlich Umgang miteinander haben, wie es in Sondereinrichtungen der Fall ist, als wenn die Auseinandersetzung mit Kindern ohne körperliche Einschränkungen stattfindet, wie es der Alltagswelt entspricht. Hierfür sollen Ansatzpunkte aufgezeigt werden, aus denen sich pädagogisches Handeln weiter entwickeln kann.
Später versuche ich, an einzelnen speziellen Problembereichen aufzuzeigen, inwiefern diese die Kinder einschränken, d. h. hier einen Ansatzpunkt zu geben, inwieweit man vorhandene Fähigkeiten fördern kann und wo an kompensatorische Möglichkeiten gedacht werden muß.
Diese Überlegungen finden auf der Grundlage der Überzeugung statt, daß Behinderung kein festgelegtes Schicksal, sondern ein Prozeß ist, in den das geschädigte Kind und die Menschen seiner Umwelt gleichermaßen einbezogen sind. Auch wenn kein ausformuliertes Modell angeboten werden kann, so hoffe ich von medizinischer Seite Grundlagen für ein Verständnis von ‚Kindern mit besonderen Problemen' zu legen, das die Schwierigkeiten im Sozialisationsprozeß berücksichtigt und Gedanken anbietet, die sich hoffentlich bei der Arbeit im Kindergarten umsetzen lassen und helfen Aussonderung zu verhindern.

1. Welche medizinischen Fragestellungen ergeben sich bei ‚Kindern mit besonderen Problemen' im Kindergarten?

Bevor die Fragen erörtert werden können, die sich bei der vorgesehenen Eingliederung behinderter Kinder in den Kindergarten stellen, soll kurz auf die medizinischen Voraussetzungen eingegangen werden, die generell für die Aufnahme von Kindern in den Kindergarten herangezogen werden.

In den einzelnen Bundesländern gelten Kindergartengesetze mit unterschiedlicher Akzentsetzung. Daneben bestehen die den Gesetzen angepaßten Kindergartensatzungen.
In aller Regel wird eine ärztliche Bescheinigung über die „Eignung" des Kindes oder seine „Kindergartenreife" vor der Aufnahme von der Kindergartenleitung verlangt.
Was unter diesen Begriffen zu verstehen ist, läßt sich nicht präzise fassen.
In Standardlehrbüchern der Pädiatrie taucht das Stichwort „Kindergarten" gar nicht auf. Das Lehrbuch der Sozialpädiatrie, von Martin Maneke 1979 herausgegeben, erwähnt zwar den Kindergarten, gibt aber ebenfalls keinerlei Hinweise auf den Inhalt dieser Begriffe (1).
Kriterien allgemeiner Art sind im Buch „Kranke und behinderte Kinder in Kindergarten und Schule" von Michael und Renate Hertl folgendermaßen nachzulesen:

> „Reife für Kindergarten und Schule:
> Als Voraussetzung, ohne Schwierigkeiten und erfolgreich in Kindergarten und Schule gehen zu können, sollten folgende Merkmale gegeben sein:
> – körperliche und geistige Reife für den Kindergarten beziehungsweise Schulreife,
> – Wahl der richtigen Schulform und Lehrmethode,
> – einwandfreie gesundheitliche Verfassung,
> – unproblematische Familienverhältnisse,
> – gute soziale Anpassung an Kindergärtnerin beziehungsweise Lehrer sowie an die Kameraden in Kindergarten und Schule." (2)

Im Handbuch der Kinderheilkunde findet sich eine gewisse Präzisierung hinsichtlich möglicher ansteckender Erkrankungen:
„Jedes Kind muß einer eingehenden Untersuchung unterzogen werden, bevor es in den Kindergarten aufgenommen werden kann. Zweckmäßig sind Tuberkulinproben, Nasen- und Rachenabstriche. Darüber hinaus ist eine Impfung gegen die wichtigsten Zivilisationsseuchen vor Aufnahme in den Kindergarten nachzuweisen. Weitere Vorschriften existieren bezüglich der gesundheitlichen Überwachung der Kinder nicht." (3)

Die „Reife" ist in diesem Buch so vage formuliert, d. h. so eindeutig von Sozialisationsbedingungen abhängig verstanden, daß auch hier kaum verallgemeinerbare Fakten deutlich werden: „Die Kindergartenreife setzt ein gewisses Ausmaß an Selbständigkeit in Bezug auf alles, was mit der körperlichen Pflege zusammenhängt, voraus. Das Kind muß auch bereits gelernt haben, sich zumindest einige Stunden am Tag von der Mutter zu lösen." (4)

Im Lehrbuch der Klinischen Sozialpädiatrie, von Th. Helbrügge 1981 herausgegeben, wird vor der Aufnahme in den Kindergarten eine ärztlich psychologische Untersuchung gefordert, um bisher unerkannte Schädigungen und Störungen festzustellen, die das Verhalten auch im Kindergarten beeinträchtigen könnten (5).

Wenn man diesen fast völligen Mangel *eindeutiger* Kriterien für die Aufnahme in den Kindergarten bedenkt – von seuchenhygienischen Erwägungen einmal abgesehen –, ist also die ärztliche Beurteilung eine rein zufällige. Würde das „Entwicklungsalter" von minimal drei Jahren als ein mögliches Kriterium der „Reife" angesehen, was einer gewissen Logik entspräche, bliebe immer noch die Frage zu stellen, inwieweit der Arzt in der Lage ist, diese Beurteilung des Entwicklungsstandes sicher durchzuführen.

Es kann also festgestellt werden, daß die „Eignung" für die Aufnahme in den Kindergarten oder die „Kindergartenreife" keine festgelegten Kriterien medizinischer Art zur Grundlage haben, daß der Arzt also entsprechend seinen Vorstellungen die Beurteilung abgibt. Selbstverständlich fließen in diesem Zusammenhang seuchenhygienische Gesichtspunkte oder somatische Auffälligkeiten in die Beurteilung ein. Wesentlich an diesen Feststellungen scheint mir jedoch die Tatsache zu sein, daß es medizinische Kriterien, behinderte Kinder in den Kindergarten aufzunehmen oder nicht aufzunehmen, von Seiten der Medizin selbst eigentlich nicht gibt. Diese Vorstellungen werden eher von existierenden Sondereinrichtungen geprägt, deren Ansatz eher eine ‚defektorientierte' Sicht ist. Am deutlichsten läßt sich das am differenzierten Sonderschulwesen erkennen.

Dennoch kann kein Zweifel daran bestehen, daß durch die Aufnahme von ‚Kindern mit besonderen Problemen' dem Kindergarten schwierige, z. T. beängstigende Aufgaben zufallen. Diese resultieren aus dem unzulänglichen Wissen über Behinderungen allgemein und der speziellen Frage, welche Probleme das jeweilige Kind in der Auseinandersetzung mit der Umwelt hat. Über die Häufigkeit von chronisch kranken und behinderten Kindern im Kindergartenalter wurden von M. und R. Hertl aus der Literatur folgende Zahlen zusammengestellt:

Blindheit	1 : 10.000
starke Sehschädigung	1 : 1.600
Gehörlosigkeit	1 : 2.000
Schwerhörigkeit	1 : 600
erhebliche geistige Behinderung	1 : 150
schwere Körperbehinderung	1 : 125
Sprachbehinderung	1 : 70
Anfallsleiden	1 : 150
chronische Herzkrankheit	1 : 150
Blutgerinnungsstörung	1 : 5.000
Zuckerkrankheit	1 : 2.000
Leukämie, Krebs	1 : 1.000
schwere neurotische Verhaltensstörung	1 : 40

(6).

Welche Hilfe kann von Seiten der Medizin zur Bewältigung dieser Aufgaben beigetragen werden?
Man kann im allgemeinen davon ausgehen, daß bei einem Alter der Kinder von drei oder mehr Jahren eine gesicherte Diagnose vorliegt, sofern es sich nicht um eine kurz zuvor eingetretene Schädigung oder Krankheit handelt. Darüber hinaus sollte auf der Grundlage der Diagnose und der Beobachtung der vorangehenden Lebensjahre bekannt sein, welche Therapie in welcher Weise durchgeführt werden muß.
Diese Informationen helfen der Erziehrin zum Verständnis der Probleme des jeweiligen Kindes nur teilweise weiter. Der entscheidende Schritt wäre zu verdeutlichen, welche Probleme für das Kind aus der körperlichen Schädigung und deren Folgen in seinem täglichen Leben resultieren, aber genauso, welche Dinge das Kind kann und wie es sie durchführt. Auf dieser Grundlage kann die Erzieherin ihr Verständnis vom Grup-

penprozeß mit den Möglichkeiten des Kindes in Einklang bringen.
Ferner ist es wichtig, typische Verhaltensweisen des Kindes — die z. T. auch den Charakter von Verhaltensauffälligkeiten haben können — zu vermitteln, um den Umgang damit zu erleichtern.
Soweit es überhaupt möglich ist, gehört auch eine Aussage über die Entwicklungschancen des Kindes zur umfassenden Information der Erzieherin.
Es ist als selbstverständlich anzusehen, daß auf eventuell auftretende Krampfanfälle und pflegerische Besonderheiten sowie den Umgang damit aufmerksam gemacht werden muß.
Diese Informationen über das Kind sollten immer ergänzt werden durch die Beobachtungen und Erfahrungen der Eltern. Sie sind diejenigen, die das Kind am längsten kennen. Eine aktive Rolle der Eltern wirkt auf alle Beteiligten ermutigend und stimulierend. Eltern behinderter Kinder sind keine „psychiatrischen Patienten", sondern gesunde Erwachsene mit einem realen Problem (7).
Auch wenn grundsätzlich eine vorurteilsfreie Herangehensweise an Probleme in einer Kindergruppe zu befürworten ist, muß für ‚Kinder mit besonderen Problemen' aus o. g. Gründen eine umfassende Information der Erzieherin gefordert werden. Dies darf natürlich nicht daran hindern, daß sie sich vom Kind dennoch eine eigene Meinung entwickelt, um diese in den pädagogischen Prozeß einzubeziehen.

2. Das Problem der sogenannten Einfachbehinderung bzw. Mehrfachbehinderung

Wie immer man sich den Problemen behinderter Kinder nähert, läuft man Gefahr, sie isoliert zu betrachten und zum Zentrum der Erörterungen zu machen. Sie können aber nur als untrennbar vom Individuum mit seinen Fähigkeiten und Unfähigkeiten verstanden werden, d. h. es handelt sich in erster Linie immer um *Kinder* mit einer Behinderung.
Demzufolge ist es eine verkürzte Denkweise, z. B. ein Kind mit fehlenden Gliedmaßen bei der Geburt als behindert, oder noch

spezieller als körperbehindert zu betrachten. Nach Jantzen kann Behinderung nicht als naturwüchsig entstandenes Phänomen angesehen werden. „Sie wird sichtbar und damit als Behinderung erst existent, wenn Merkmale oder Merkmalskomplexe eines Individuums aufgrund sozialer Interaktion und Kommunikation in Bezug gesetzt werden zu jeweiligen gesellschaftlichen Minimalvorstellungen über individuelle und soziale Fähigkeiten. Indem festgestellt wird, daß ein Individuum aufgrund seiner Merkmalsausprägung diesen Vorstellungen nicht entspricht, wird Behinderung offensichtlich, sie existiert als sozialer Gegenstand erst von diesem Augenblick an." (8) Entweder impliziert man im Verständnis von Behinderung wie Jantzen die soziale Benachteiligung, oder man schließt sich der Auffassung von Paul an, der Behinderung auch erst in ihren sozialen Bezügen als existent annimmt, davon aber den Folgenkomplex sozialer, psychischer und physischer Benachteiligung abgrenzt (9). Diese Benachteiligung ist zwangsläufig, nur in ihrer Ausprägung unterschiedlich.
Somit ist deutlich, daß es eine „Einfachbehinderung" eigentlich nicht geben kann, sondern der organische Schaden immer die Grundlage dafür ist, daß das Individuum im Sozialisationsprozeß eine komplexe Benachteiligung erfährt.

3. Welche physischen Gesichtspunkte spielen bei Interaktion und Kommunikation eine Rolle?

Zur Beurteilung der Fragen, welche Schwierigkeiten bei ‚Kindern mit besonderen Problemen' im Kindergarten auftreten können, muß geprüft werden, inwieweit Interaktion und Kommunikation erschwert sind, genauer gesagt, inwieweit physische Schäden und ihre Auswirkungen im Interaktionsprozeß interferieren. Bei diesen Überlegungen wird auf verschiedene Interaktions- und Kommunikationsmodelle eingegangen, um an ihnen festzustellen, welche Störungen physische Schäden veranlassen. Von diesem Verständnis aus könnten pädagogische Betrachtungen angestellt werden, um die Auswirkungen dieser Schäden zu minimieren oder zu kompensieren.

Es ist viel weniger Spezielles über Interaktion und Kommunikation im Kindesalter als bei Erwachsenen bekannt, noch weniger über die Einschränkungen bei geschädigten Kindern. In der kindlichen Entwicklung, so wie sie unter unseren soziokulturellen Lebensbedingungen beobachtet wurde, gilt das dritte Lebensjahr als die Zeit der Umpolung der sozialen Beziehungen (10). Wenn also das Kind ins Kindergartenalter kommt, d. h. mit drei bis vier Jahren, nehmen die sozialen Interaktionen einen rapiden Aufschwung. Das Kind bemüht sich vermehrt um die Aufmerksamkeit anderer Kinder (11).
Es liegt auf der Hand, daß bei dieser Entwicklung äußere Gegebenheiten eine wesentliche Rolle spielen. Anfänge von Interaktion zwischen Mutter und ungeborenem Kind gibt es schon im Mutterleib. Die Fähigkeit zur Interaktion mit anderen Individuen wird im Verlaufe der menschlichen Sozialisation erworben. ‚Interaktives Verhalten in engerem Sinne' wird in der menschlichen Entwicklung etwa im Alter zwischen drei und fünf Jahren trainiert. Die ersten sozialen Verstärker (wie Beachtung und Nachgeben) werden eingesetzt und ausgetauscht. Nach Überwindung der egozentrischen Phase (im Modell von J. Piaget) sind dann kooperative und altruistische Interaktionen möglich (12).
Was aber ist Interaktion? Interaktion wird äußerlich durch Mimik und Gestik bestimmt und findet in der Sprache als „symbolische Interaktion" ihr am höchsten entwickeltes Medium. Gestik, Mimik und Sprache sind zugleich Ausdruck dessen, was man als Kommunikationsinhalte oder „Message" bezeichnet. Deswegen werden die Begriffe Interaktion und Kommunikation von vielen Autoren synonym verwendet (13).
Man kann davon ausgehen, daß die Begriffswelt eines ‚Kindes mit besonderen Problemen' im Vergleich mit der von Kindern ohne eingeschränkte Möglichkeiten, denen also die ganze Breite motorischer und sensorischer Erfahrungen zur Verfügung steht, unvollständig aufgebaut ist. Es handelt sich jedoch um eine für das jeweilige Kind geltende *‚eigene Norm'*. Dementsprechend müssen die Äußerungen dieser Kinder zwangsläufig auf dieser ihnen eigenen, vergleichsweise unvollständigen Grundlage ablaufen, d. h. inhaltlich die Message im Kommunikationsprozeß beeinflussen. Es ist also für Erzieher und Berater von großer

Bedeutung zu erkennen und zu wissen, daß die Begriffswelt geschädigter Kinder unterschiedlich von der nicht geschädigter ist und die „Message" von daher nicht mit gleichen Kategorien und schon gar nicht mit denen des Erwachsenen beurteilt werden darf.

Damit sind die Überlegungen zur Qualität der „Message" im Kommunikationsprozeß aber noch unvollständig, insofern als diese außerdem durch die physischen Möglichkeiten des Kindes in ihrem Ausdruck bestimmt wird.

Jede Kommunikation hat nach Watzlawick (14) einen Inhalts- und einen Beziehungsaspekt. Der Inhaltsaspekt wird über die Sprache, der Beziehungsaspekt, der vom Gefühlsleben unmittelbar abhängig ist, wird nicht verbal vermittelt. Dieser nicht verbale Anteil der Kommunikation läßt sich noch auf zwei unterschiedlichen Ebenen verstehen, nämlich erstens in Gestik und Mimik und zweitens in der Qualität des sprachlichen Ausdrucks, weniger im Sinne des grammatikalischen Aufbaus, sondern in Redefluß, Tonfall, Klangfarbe etc., die stark gefühlsmäßige Komponenten vermitteln.

Wenn man die Beobachtungen Piagets zugrunde legt, daß im Kleinkindesalter Sprache und Aktion eine unmittelbare Verknüpfung haben, auf abstrakt sprachlichem Niveau jedoch erst ab dem siebten Lebensjahr kommuniziert wird (15), verdeutlicht sich, wie sehr der Beziehungsaspekt der Kommunikation für das Kindergartenalter im Vordergrund steht.

Letzterer ist nach Watzlawick stark antithetisch strukturiert (16). „Sender" und „Empfänger" werden die Analyse der „Message" in Einklang mit ihrer individuellen Sicht der Beziehungen vornehmen, die jeweils nicht denen des Partners entsprechen brauchen. Der Beziehungsaspekt ist also im Gegensatz zum Inhaltsaspekt viel stärker durch seine Mehrdeutigkeit charakterisiert.

Bei der Übertragung der vorangehenden Überlegungen auf ‚Kinder mit besonderen Problemen' ist zweifellos das vorhandene sprachliche Ausdrucksvermögen, der Inhaltsaspekt der Kommunikation, von großer Bedeutung, inwieweit Sprache vom Kind aktiv eingesetzt und genutzt wird. Inhaltlich wird die „Message" im Kindesalter noch stark vom konkreten, handlungsnahen Ausdrucksvermögen der Sprache geprägt. Dies ist gerade der Teil der Kommunikation, der z. T. in gestisch handelnde Aus-

drucksformen übernommen werden kann. Dies kann ein guter Zugang zum Verstehen eines Kindes, aber auch zum Aufbau von Sprache sein.
Problematischer ist die Einschätzung des Beziehungsaspektes der „Message". Hier können frühkindliche Schäden im emotionalen Bereich (z. B. Deprivation) ebenso den Ausdruck beeinträchtigen wie auch das mangelnde Vermögen, Beziehung in Gestik, Mimik und qualitative Charakteristika der verbalen Äußerung umzusetzen. Letzteres ist eine der Ursachen, die den Zugang z. B. zu Kindern mit schweren cerebralen Bewegungsstörungen so schwierig machen, selbst wenn verbale Kommunikation möglich ist. Hier wird die Mehrdeutigkeit des Beziehungsaspektes der „Message" sehr deutlich.
Da Interaktion ein aufeinander bezogenes Handeln ist, muß man davon ausgehen, daß jeder der Beteiligten in sein Handeln das Wissen um das Wissen des anderen einbaut (17). Deshalb gehört zum sozialpsychologischen Begriff der Interaktion, daß der andere ebenfalls ein Handlungszentrum mit eigenständigen Erwartungen ist, die in seine Handlungen einfließen (18).
In diesen Zusammenhängen wird deutlich, daß „Wissen" und „Erwartungen" bei den Rückkopplungsprozessen der Interaktion wechselseitig von Bedeutung sind. „Wissen" und „Erwartungen" sind erworbene Kategorien. Das Wissen um das Objekt, das Wissen vom andern, machen unser Bewußtsein aus. Bei geschädigten Kindern muß man annehmen, daß „Wissen" und „Erwartungen" unter eingeschränkten Bedingungen aufgebaut wurden. Pinkerton sagt von Kindern mit Cerebralparese, sie litten unter einer Deprivation von Erfahrungen (19), das gilt für Erfahrungen im motorischen Bereich ebenso wie für alle Wahrnehmungsbereiche. In der Interaktion ist das Repertoire möglicher Antworten somit relativ begrenzt (20).
Wir müssen also davon ausgehen, daß unter Bedingungen physischer Schäden Anteile, die „Sender" und „Empfänger" von einer „Message" gemeinsam entschlüsseln oder vermitteln können, nur sehr klein und in großen Bereichen nicht deckungsgleich sind. „Wissen" und „Erwartungen", sprachliches Ausdrucksvermögen und der „Beziehungsaspekt", alles Bereiche starker physischer Störanfälligkeit, prägen den Inhalt der „Message' im Kommunikationsprozeß. Diese Feststellungen legen es nahe,

daß die Möglichkeiten desjenigen mit uneingeschränkten physischen Voraussetzungen größer sind, die „Message" von ‚Kindern mit besonderen Problemen' zu begreifen als umgekehrt, weil sie über eine größere Bandbreite im Bereich von „Wissen" und „Erwartungen" verfügen. Somit liegt es weitestgehend in unserem Vermögen und ist unsere Aufgabe, dem eingeschränkten Ausdrucksvermögen Verständnis entgegen zu bringen.
Hypothetisch kann angenommen werden, daß je jünger Kinder sind, d. h. je weniger weit und differenziert die Kommunikationsmöglichkeiten entwickelt sind, um so größer die Gemeinsamkeiten im Verständnis einer „Message" sind, auch einer, die unter eingeschränkten Bedingungen zustande kommt.

4. Welche Bedingungen bestehen für Entwicklung und Lernen unter eingeschränkten physischen Voraussetzungen?

Physische Schäden spielen jedoch nicht nur bei Interaktion und Kommunikation eine Rolle. Interaktion und Kommunikation sind Mittler im Lern- und Entwicklungsprozeß.
Der traditionelle Entwicklungsbegriff ist stark an den immanenten Reifungsvorgang und die organische Funktionstüchtigkeit gebunden. Hier werden Fähigkeiten und Unfähigkeiten durch den organischen Schaden direkt definiert. Es werden dabei die vorangehend angesprochenen Wechselwirkungen von Interaktion und Kommunikation, in denen der organische Schaden interferiert und wodurch er eine dynamische Qualität erlangt, nicht berücksichtigt. Sozialisation wird dagegen als ein Prozeß verstanden, in welchem der einzelne durch aktiven Umgang mit anderen Menschen und durch das passive Beeinflußtwerden durch die gesellschaftlichen Verhältnisse die für ihn eigentümlichen Fähigkeiten und Verhaltensweisen lernt (21). Dabei vollzieht sich die geistige Entwicklung des Kindes vor allem als gemeinsame Tätigkeit von Kindern untereinander bzw. Erwachsenen mit Kindern. Dabei paßt sich das Denken den Vorgegebenheiten an und strukturiert sich auf diese Weise selbst. Besonders über die Nachahmung wird das Kind fähig, sich seine Umwelt handelnd zu erschließen und sein Denken aufzubauen, das dann auf die Umgebung zurückwirkt. Um *nachahmen* zu

können, muß man zuvor *erkennen* können. Was das im einzelnen bedeutet, wird später besprochen im Zusammenhang eingeschränkter Möglichkeiten der Wahrnehmung.
Zunächst befähigt die Imitation das Kind zu gegenständlichem Handeln und zum ersten Spracherwerb. Die vielfältigen Situationen gemeinsamen Handelns vermitteln eine wachsende Zahl von Fertigkeiten und Kenntnissen, die in zunehmendem Maße zielbestimmter eingesetzt werden können. Der Prozeß, in dem wachsende Handlungskompetenz erworben wird, erscheint als zunehmende Verinnerlichung äußerer Handlungen oder auch als etappenweise „Interiorisation" (22).
Grundlage dieses als Aneigungsprozeß bezeichneten lerntheoretischen Konzeptes ist das Handeln oder das aktive Umgehen mit Gegenständen und mit anderen Menschen. Motorik ist demzufolge Grundlage allen Lernens und hat einen eminent wichtigen Einfluß auf die gesamte Persönlichkeitsentwicklung.
Die vielfältigen Einschränkungen der Motorik behinderter Kinder erschweren diesen, handelnd die Welt zu erfahren und eine der unseren vergleichbare Begriffswelt aufzubauen, die wiederum Grundlage abstrakten Denkens ist. Motorisch behinderten Kindern Handlungsmöglichkeiten zu erschließen, muß also ein erster pädagogischer Grundsatz sein.
Aber Lernen und Handeln sind, wie oben erwähnt, nicht nur etwas Spontanes, sondern auch und ganz wesentlich Nachahmung. Bei dieser Feststellung erschließt sich der nächste Gedanke, daß nämlich das „Aufnehmen" des Nachzuahmenden möglich sein muß. Vom organisch funktionellen Schaden der Sinnesorgane bis zur zentralen Verarbeitungsstörung des Wahrgenommenen können organische Schäden diese Nachahmung erschweren bis unmöglich machen, wie schon vorher im Zusammenhang mit „Wissen" und „Erwartungen" im Rahmen der Interaktion besprochen. Dieses Wissen um die erschwerte Aufnahme oder Verarbeitung von Sinneseindrücken für uns selbstverständlicher Dinge ist der zweite pädagogische Gesichtspunkt, der sich hier für das erzieherische Handeln ergibt. –
Hypthetisch ist anzunehmen, daß das „normale Vorbild" eines nicht behinderten Kindes einen intensiveren Reiz zur Nachahmung darstellt als jede synthetische pädagogische Situation.

5. Welche emotionalen Gesichtspunkte können von Bedeutung sein?

Die vorangehend besprochenen Modellvorstellungen von Interaktion und Kommunikation, Lernen und Entwicklung beziehen den emotionalen Bereich zwar zu einem Teil ein, lassen zu diesem „menschlichsten" Aspekt jedoch noch viele Fragen offen. Wie bereits besprochen, findet Emotionalität im Beziehungsaspekt der Kommunikation ihren Ausdruck. Weiterhin drückt sie sich in Spontaneität und Kreativität des Handelns aus. Wie „störanfällig" diese Bereiche für einen physischen Schaden sind, wurde ebenfalls besprochen, ebenso wie sehr die Äußerungen im Beziehungsaspekt mehrdeutig interpretierbar sind. Wir haben also mit unseren Mitteln wenig Zugang zu den Äußerungen eines schwer behinderten Kindes, um auf positive oder negative Gefühle zu schließen. Am eindeutigsten ist das vielleicht noch möglich, wenn einem solchen Kind Körperkontakt angeboten wird und eine fühlbare Entspannung eintritt, eine Ebene, auf der wohl die frühesten Erfahrungen schlechthin, weit vor der Geburt gemacht werden. Sicher läßt sich die emotionale Befindlichkeit nicht mit unseren Kategorien intellektuell fassen (Beispiel: Kinder mit einem Down-Syndrom, die angeblich meist „glücklich" seien) und somit kaum klassifizieren.
Wenn man von der Feststellung ausgeht, der Mensch sei ein „soziales Wesen", so muß das Mitleben und das Mithandeln als grundsätzliche Möglichkeit sich positiv auch im emotionalen Bereich auswirken. Nach Watzlawick ist vom Standpunkt der Kommunikationsforschung die Einsicht unvermeidbar, daß jede Verhaltensform nur in ihrem zwischenmenschlichen Kontext verstanden werden kann, und daß damit Begriffe wie „Normalität" und „Abnormalität" ihren Sinn als Eigenschaften von Individuen verlieren (23). Es muß also, so zwanghaft Sozialisation im konkreten Fall auch sein mag, immer ein Moment der Autonomie in der Beteiligung des einzelnen an der Interaktion, der Interpretation und der situativen Anwendung vorausgesetzt werden. In diesem Sinne interessiert vor allem der Grad der Mitdefinition der Interaktion, in die sich das Individuum einbringt (24). In der Möglichkeit zur Mitdefinition der Interaktion liegen die Wurzeln der Entwicklung und der Identitätsfindung. Die

Identität selbst ist ein untrennbarer Anteil der emotionalen Welt des Individuums. Da aber die Interaktionsmöglichkeiten des geschädigten Kindes eingeschränkt sind, muß der Erzieher erkennen, daß es eine Grenze der „Coping-Prozesse" gibt und jenseits dieser Grenze emotionale Betroffenheit resultiert. Je stärker diese Betroffenheit ist, um so weniger effektiv nutzt das Kind, was an speziellen Wahrnehmungsmöglichkeiten vorhanden ist, und das vergrößert wiederum das Defizit an intellektuellem „output" (25). Es versteht sich von selbst, daß dieser Prozeß seine Rückwirkung auf die Identitätsbildung hat.
Wichtigste Aufgabe des Erziehers ist es also, Sensibilität für die emotionalen Äußerungen und Bedürfnisse geschädigter Kinder zu entwickeln, eine Einstellung, die rein rational nicht erworben werden kann.

6. Welche Probleme treten im einzelnen beim Umgang mit entwicklungsverzögerten, behinderten und chronisch kranken Kindern im Kindergarten auf?

Die vorangehenden allgemeinen Betrachtungen zu Schwierigkeiten, die sich bei der Integration von ‚Kindern mit besonderen Problemen' in den Kindergärten ergeben, sollen im folgenden Teil durch Überlegungen zu speziellen Problembereichen ergänzt werden, wodurch die Probleme jedes einzelnen Kindes zugänglicher werden können.

6.1. Die Diskrepanz zwischen chronologischem Alter und sogenanntem Entwicklungsalter

Ein organischer Schaden wirkt sich neben seinen direkten Symptomen in der Entwicklung des Kindes in der Regel in einer Verzögerung in einzelnen oder mehreren Funktionsbereichen aus. Zur gezielten Beobachtung trennt man diese an sich zusammenwirkenden Funktionsbereiche in Grobmotorik
Feinmotorik
optische Wahrnehmung
akustische Wahrnehmung
Sprache und
Sozialverhalten

(Es gibt je nach methodologischem Vorgehen in der Entwicklungsdiagnostik geringe Unterschiede in der Klassifizierung der Funktionsbereiche.)
Diese Art der Vorgehensweise einer verhaltenspsychologisch orientierten Entwicklungsdiagnostik dient weniger dazu – wie die kinderpsychologische Diagnostik –, global die Gesamtentwicklung eines Kindes mittels eines intellektuellen Entwicklungsquotienten zu erarbeiten, sondern Rückstände in bestimmten Funktionen aufzudecken, so daß daraus konkrete therapeutische Rückschlüsse gezogen werden können (26).
Das Wissen um den Entwicklungsstand des Kindes – wenn er in Diskrepanz zum chronologischen Alter steht – ist für die Erzieherin deswegen von Bedeutung, weil sie auf dieser Grundlage die Fähigkeiten des Kindes richtig einschätzen kann, um es weder zu unter- noch zu überfordern. Entwicklung kann sich bekanntlich nur folgerichtig in aufeinander aufbauenden Fähigkeiten vollziehen.

6.2. Die Notwendigkeit der individuellen Analyse der Fähigkeiten wie Probleme der einzelnen Kinder

Wie mehrfach oben erwähnt, wird man einem Kind nur dann gerecht werden können, wenn man aus seinen physischen Problemen heraus versucht, seine Auseinandersetzung mit der Umwelt zu begreifen, und dabei sensibel für den emotionalen Bereich ist. Das geschieht am besten durch die Beobachtung bei Interaktion bzw. Kommunikation. Die Kenntnis des Entwicklungsstandes und der speziellen Auswirkungen des organischen Schadens bilden dazu die Grundlagen.

6.3. Die möglichen Problembereiche in isolierter Betrachtungsweise

Wenn für den folgenden Teil eine willkürliche Einteilung von Problembereichen als Vorgehensweise gewählt wurde, so darum, weil im Zusammenhang mit den allgemeinen Erörterungen der Zugang zu den individuellen Problemen leichter herzustellen ist als über die Besprechung von „Krankheitsbildern" oder „Behinderungssyndromen". Auf der anderen Seite isoliert diese Herangehensweise einzelne Probleme, die vielfältig und komplex miteinander verwoben sein können und immer als Problembereiche

eines Individuums mit dem Recht auf freie Entfaltung seiner Persönlichkeit verstanden werden wollen.
Es ist nicht in allen besprochenen Problembereichen möglich, die direkten Auswirkungen des organischen Schadens streng von den Folgen zu trennen, die sich im Verhalten als Auswirkung ergeben, also oft bereits das Resultat gestörter Interaktion und Kommunikation sind. Auch die Kategorisierung einer klaren Diagnose hilft hier nicht weiter. Dazu bedarf es langfristig genauerer Untersuchungen.

6.3.1 Das Kind kann nicht oder eingeschränkt laufen

Die Gründe, daß ein Kind beim Laufenlernen Probleme hat, sind sehr uneinheitlicher Natur, d. h. sie können in einer komplexen Schädigung begründet sein, die sich in verschiedenen Funktionsbereichen auswirkt, wie auch in einem isolierten Betroffensein der Beine durch einen körperlichen Defekt. Die Probleme der Kinder und die Auswirkungen auf die Erziehungsarbeit sind dementsprechend vielgestaltig, und in jedem Einzelfall ist eine Information über die Grundproblematik vonnöten.
Dennoch soll versucht werden, einige Dinge zu systematisieren. Die Fähigkeit, laufen zu können, setzt in der Entwicklung des Kindes einen völlig neuen Akzent. Die Begrenztheit der Zugänglichkeit von Gegenständen in der Umwelt, von anderen Menschen, von Raum wird aufgelöst und bietet eine neue Dimension von Erfahrungs- und Lernmöglichkeiten, die vorher an das Kind „herangetragen" werden mußten. Die Eigenaktivität in der Entwicklung hat damit eine völlig andere Dynamik erhalten, die sich vorher schon z. T. im Krabbeln und Entlanglaufen an Gegenständen angebahnt hat. Wie wichtig dieser Schritt in der Entwicklung der Kinder ist, kann man daran ermessen, daß manchmal die vorher schon vorhandene Sprache in ihrer Entwicklung zu einem vorübergehenden, aber völligen Stillstand kommen kann.
Diese Möglichkeiten, die zugleich als ein Stück erster Selbständigkeit und Unabhängigkeit wichtig für die Identitätsentwicklung sind, bleiben dem Kind, das nicht laufen kann, verschlossen. Die zwangsläufig resultierende fortdauernde Abhängigkeit des Kindes stellt ein die Entwicklung entscheidend beeinträchtigendes Problem dar, das unterschiedliche Auswirkungen haben kann.

Die Aktivität und das Neugierverhalten des Kindes stoßen auf relativ enge Grenzen und immer wieder auf schon gemachte Erfahrungen. Das kann noch dadurch weiter eingeengt sein, daß das Kind seinen Körper als statisch erlebt; Entfernungen, Geschwindigkeit, Wechsel des Gesichtspunktes bleiben unbekannte oder eingeschränkte Erfahrungen, die natürlich in die Begriffswelt des Kindes nur unvollkommen Eingang finden. Aus dieser Welt kann eine passive Haltung des Kindes resultieren.
Es ist verständlich, daß für Menschen, die nicht laufen können, aus den genannten Tatsachen heraus vielfache Anstrengungen unternommen werden, diese Entwicklungshürde zu überspringen. Für Eltern ist der Tag, an dem ihr Kind laufen kann, ein oft magisches Ziel. Intensive Krankengymnastik, operative Maßnahmen und orthopädische Hilfsmittel werden dazu eingesetzt. Dennoch bleibt das Ziel „Laufen" nicht selten ein fiktives.
Im Kindergartenalter haben diese therapeutischen Maßnahmen dauernd oder zeitweise durchaus noch eine hohe Bedeutung, wenn auch, wie oben gesagt, nach drei Lebensjahren Diagnose und Behandlungserfahrungen zu prognostischen Aussagen eine klare Grundlage bilden. Im Einzelfall wird die Erzieherin bei Kindern therapeutische Überaktivität wie therapeutischen Nihilismus erleben.
Von grundsätzlicher Wichtigkeit bei der Eingliederung in den Kindergarten ist jedoch die Nutzung der Hilfsmittel, die das Kind zuhause auch hat und die es auf die eine oder andere Weise „mobil" machen, genauso die Ermöglichung der Fortbewegung ohne Hilfsmittel, wie sie zuhause auch stattfindet (Krabbeln, Robben, Rollen etc.). Genannt seien hier Rollbrett, Rollstuhl, Dreirad, wobei manchmal ein einfacher, von den Eltern selbst konstruierter Stuhl mit Rädern besser ist als hochentwickelte Technik. Gerade diese Hilfsmittel ermöglichen es, das Kind in großräumige, bewegte Spiele einzubeziehen und so mit anderen Kindern Raumerfahrungen machen zu lassen. In dieser Gemeinsamkeit werden oft Ängste besser überwunden als durch individuelle Psychotherapie.
Ideal für diese Kinder ist das Wasser, das ihnen die Möglichkeit bietet, in einem Medium Erfahrungen zu machen, die andere Kinder außerhalb des Wassers haben, sie selbst aber nicht haben können.

Auch wenn man davon ausgehen kann, daß bei Kleinkindern der körperliche Schaden noch nicht im Blickpunkt der eigenen Aufmerksamkeit steht, muß bei altersgerechter kognitiver Entwicklung im Kindergartenalter mit einer zunehmenden Bewußtheit für das persönliche Problem, eingeschränkt oder nicht laufen zu können, gerechnet werden, wie es von dysmelen Kindern (Fehlbildung bzw. Verkürzung der Gliedmaßen, z. B. nach Thalidomid-Einnahme während der Schwangerschaft) beschrieben wurde (27). Das ist eine für Pädagogen wichtige Tatsache im Umgang mit den betreffenden Kindern. Ihnen fällt auch eine aktive Rolle im Coping-Prozeß zu, die sie herausfordert, im laufenden Austausch mit den Eltern und eventuell der Krankengymnastin zu stehen sowie aufmerksam die psychischen Reaktionen des Kindes zu verfolgen.

6.3.2 Das Kind kann nicht oder eingeschränkt sitzen

Gravierender als die Tatsache, nicht oder nur eingeschränkt laufen zu können, wirkt sich die Unfähigkeit zu sitzen aus, bzw. nur mit Hilfsmitteln sitzen zu können.

Während bei der Besprechung des o. g. Problemkreises auf unterschiedliche Ursachen hingewiesen wurde, reduzieren sich hier die Überlegungen im wesentlichen auf Kinder, die als Folge einer angeborenen oder erworbenen Hirnschädigung eine komplexe motorische Störung, in der Regel eine Quadriplegie (Fehlsteuerung der Muskulatur aller vier Extremitäten sowie der Gesichts-, Hals- und Rumpfmuskulatur) haben. Diese kann durch die Art des Betroffenseins in ihrer Symptomatik durch vorwiegend spastische Zeichen geprägt sein, aber auch durch Inkonstanz und Unsicherheit der Bewegung oder bizarre Bewegungsabläufe, d. h. durch ataktische oder athetotische Symptome, sowie in manchen Situationen durch ausgeprägte Muskelschlaffheit.

Neben den Einschränkungen, die schon für die Kinder, die nicht oder eingeschränkt laufen können, beschrieben wurden, wird hier der Bereich der erfahrenen und erlebten Welt noch enger, da die Mobilität dieser Kinder in noch höherem Maße begrenzt ist. Zusätzlich bestehen weitere Probleme. Das Gehirn dieser Kinder verfügt nur über eine relativ begrenzte Zahl an Bewegungskonzepten. Der Bewegungsdrang führt in stereotyper

Weise immer wieder in abnorme Bewegungsmuster, die in sich sehr enge Variationsgrenzen haben. Diese Abläufe können für das Kind im Laufe der Zeit immer vertrauter werden, besonders dann, wenn es immer mehr beginnt, sie für seine motorischen Ziele einzusetzen, sie zur Aufrichtung, Fortbewegung und zur Umwelterforschung benutzt (28/29). Wegen der Unmöglichkeit der Verfeinerung der Bewegung bleibt die Entwicklung, deren Grundlage eine zunehmende Differenzierung ist, zurück. Das hat Rückwirkungen auf die gesamte Persönlichkeitsentwicklung. Da das Erleben des Kindes in den frühen Jahren sehr stark auf den eigenen Körper bezogen ist – eine Zeit, in der wir unser „Körper-Ich" entwickeln – baut das Kind mit einer Einschränkung seiner Bewegungsfähigkeit, dieses in den engen Grenzen seiner Möglichkeiten auf. Die so entstandene Begriffswelt – erheblich „kleiner" als die nicht bewegungsgestörter Kinder – ist die Ausgangsbasis für die Kommunikation.
Weiterhin stellt sich die mangelnde Bewegungsfähigkeit als eine wesentliche Einengung gerade in den ersten Lebensjahren dar, in einer Periode, in der sich der Inhaltsaspekt der Kommunikation erst langsam entwickelt. Das Ausdrucksvermögen des Kleinkindes – der Beziehungsaspekt der Kommunikation – wird stark ganzkörperlich verwirklicht. Erschwerend kommt hinzu, daß Emotionen den Körper oft in ein spastisches Totalmuster zwingen, womit die Ausdrucksmöglichkeiten völlig abgeschnitten sind (30).
Diese Kinder, die liegend, in einer Sitzschale, in einem Stehbrett oder in einem Wagen mit Stützen in das Kindergartengeschehen einbezogen werden müssen, stellen besondere Anforderungen. Sie können an manchen Aktivitäten nicht aktiv teilnehmen, jedoch z. T. einbezogen werden. Für sie müssen kompensatorische Möglichkeiten erdacht werden, bei denen sie ihre Aktivität entfalten können. In welcher Lage oder Position sie die besten Bewegungsmöglichkeiten haben, muß die Erzieherin von der Krankengymnastin oder den Eltern erfahren. Nach längerem Umgang mit diesen Problemen wird sie das jedoch auch aus ihren eigenen Erfahrungen entwickeln können. Je günstiger die Lage ist, um so aktiver wird das Kind sein. Man muß dabei berücksichtigen, daß bewegungsgestörte Kinder oft sehr viel mehr Kraft aufwenden müssen, um gleiches zu schaffen wie andere Kinder, d. h.

daß sie auch schneller erschöpft sind. Es gilt jedoch als eine Erfahrung, daß gerade das Nacheifern von Tätigkeiten nicht behinderter die Leistungsfähigkeit in erstaunlichem Maße steigert und damit einen positiven Einfluß auf die Entwicklung ausübt.

6.3.3 Das Kind kann nicht oder eingeschränkt greifen

Die Problematik, die sich bei einem Kind ergibt, das nicht oder kaum greifen kann, läßt sich unter zwei Aspekten besprechen. Es gibt Kinder, deren angeborene Gliedmaßenfehlbildungen ihnen das Greifen mit Händen unmöglich machen. Dabei kann es nicht Aufgabe des Kindergartens sein, den Defekt zu kompensieren. Hier steht fachkundige Hilfe von Orthopäden und Beschäftigungstherapeuten an erster Stelle, um Alternativen für das Kind zu schaffen, in Ausnahmefällen es zu lehren, Mund oder Füße für feinmotorische Leistungen einzusetzen. Hier bestehen vielfältige Erfahrungen z. B. mit Dysmeliekindern. Ähnliches gilt für Kinder mit isolierten sogenannten schlaffen Lähmungen der Arme, wie sie z. B. durch geburtstraumatische Zerreißung der die Arme versorgenden Nerven bedingt sein können. Auch die heute nur noch in Einzelfällen auftretende Kinderlähmung kann zu solchen Problemen führen. Allerdings sind bei diesen ohnehin seltenen Ereignissen noch seltender beide Arme betroffen, so daß die Einschränkung im Greifen für das Kind meist keine totale ist.

Die Einbeziehung dieser Kinder in den Kindergarten kann immer angestrebt werden, selbstverständlich unter Nutzung der kompensatorischen Möglichkeiten, die außerhalb des Kindergartens für das Kind erprobt worden sind. Das schließt keinesfalls aus, daß die Erzieherin aus ihrer vielfältigen Erfahrung weitere Alternativen entwickeln kann.

Die Schwierigkeiten liegen für diese Kinder in der Tatsache begründet, daß sie sehr früh ein Bewußtsein für ihre eingeschränkten Möglichkeiten, ihr „Anderssein" entwickeln (siehe auch S. 25). Daraus resultiert, daß der Beziehungsaspekt eine von anderen differierende Grundlage hat. Dementsprechend müssen die erzieherischen Aktivitäten darauf gerichtet sein, viel gemeinsame Aktivitäten für alle Kinder zu suchen. Das handelnde Lernen dieser Kinder wird im wesentlichen dann eine Einschränkung erfahren, wenn sie sich in eine isolierte Situation hinein

entwickeln. Auch wenn „Greifen zum Begreifen" und damit für die Entwicklung der kognitiven Fähigkeiten eine wesentliche Grundlage darstellt, sind die kompensatorischen Möglichkeiten der Kinder selbst und für die Kinder groß.
Anders verhält es sich, wenn die Schwierigkeiten zu greifen auf eine zentrale Fehlsteuerung zurückzuführen sind, wie es bei der bereits erwähnten Quadriplegie (siehe S. 25) der Fall ist. Die dort angestellten Überlegungen lassen sich hierher übertragen, können aber noch erweitert werden. Unter Greifen wird nicht das zufällige Anfassen und Festhalten eines Gegenstandes allein verstanden, eine für früheste Entwicklungsstufen typische Situation. Greifen hießt koordinierte Bewegungen beider Hände, einzeln oder miteinander, unter Kontrolle der Augen bewußt auszuführen, also ein komplexer Vorgang, der eine wesentliche Grundlage zum Aufbau unserer Begriffswelt darstellt. Die Entwicklung dieser Fähigkeiten wird therapeutisch und pädagogisch angestrebt, wenn sie für die Kinder problematisch sind. Hierin liegt die Möglichkeit, handelnd Erfahrungen zu sammeln und handelnd die Umwelt zu verändern (siehe 4., S. 18 ff.). Bei Einschränkungen des Greifens müssen wir davon ausgehen, daß, besonders wenn die Kinder ihre Hände nicht sehen können, sie diese als fremd erleben, d. h. ihr Körperschema, oder wie oben gesagt ihr Körper-Ich (siehe S. 26), unvollkommen entwickelt sind, mit all den Folgen, die das für Interaktion und Kommunikation sowie für die Identitätsentwicklung nach sich zieht.
Man weiß heute, daß in bestimmten „reflexhemmenden Situationen" dem Kind der Einsatz der Hände leichter fällt. Wenn das Kind in Überstreckung liegt, werden die Hände dabei aus dem Gesichtsfeld herausgezogen. Wenn das Kind „voll beschäftigt" ist, das Gleichgewicht aufrecht zu erhalten, kann es die Aufmerksamkeit den Händen nicht zuwenden. Diese sind darüber hinaus oft in einem den ganzen Körper oder Abschnitte beherrschenden totalen Bewegungsmuster blockiert. Dementsprechend kann für das Kind nur eine Stellung Grundlage für Greifen und Manipulieren sein, in der es entspannt ist, in der es die Hände nicht nur zueinander führen kann, sondern sie auch gleichzeitig sehen und in den Mund stecken (31). Nur in dieser Weise ist eine Integration, d. h. ein Mithandeln sinnvoll möglich, wenn es nicht nur ein bloßes Dabeisein darstellen soll. Dies zu

erreichen und zu verwirklichen, richtet sich wesentlich nach den individuellen Möglichkeiten des Kindes. Die behandelnde Krankengymnastin und die Eltern kennen diese Möglichkeiten des Kindes und können sie der Erzieherin weiter vermitteln. Sie sollte auch wissen, wie pathologische Bewegungsmuster vermeidbar sind. Die Erzieherin hat in ihrem Arbeitsbereich die günstige Voraussetzung, daß das Kind sinnvolle Bewegungserfahrungen machen kann im Rahmen der gemeinsamen Aktivität der Kindergruppe. Sinnvoll bedeutet in diesem Zusammenhang, daß die Bewegung eingebettet in eine psychische Handlungseinheit erlebt wird (32). Bei aller Anerkennung der Bedeutung, pathologische Bewegungsmuster zu vermeiden, um normale zu ermöglichen, wird es eine Wunschvorstellung bleiben, diesen Zustand unentwegt aufrecht zu erhalten; das ist zuhause auch nicht der Fall.

Ein wichtiger Faktor im pädagogischen Umgang mit diesen Kindern liegt in der Schwierigkeit begründet, daß körperliche Tätigkeiten – auch das Greifen – sehr anstrengend sind, d. h. viel Kraftaufwand und Konzentration erfordern (siehe auch S. 26 f.). Beides steht nicht unbegrenzt zur Verfügung, und man wird dementsprechend immer wieder Zeiten der Verminderung der Aktivität feststellen, die nicht als Desinteresse fehlgedeutet werden dürfen. Aus einer umfangreichen Untersuchung über die körperliche Belastbarkeit von Kindern mit Cerebral-Parese geht hervor, daß „Zeit" ein stark belastender Faktor für die Entwicklung dieser Kinder in jedem Alter ist (33), weil die Mühe, die aufgewandt werden muß und die Zähigkeit der Bewegungsabläufe in jeglicher Handlung einen verzögernden Faktor darstellen im Vergleich zu Kindern ohne Bewegungsstörung.

6.3.4 Das Kind kann nicht oder eingeschränkt hören

Die Einschränkung des Hörvermögens stellt eine fundamentale Beeinträchtigung im Kommunikationsprozeß dar, in dem der Inhaltsaspekt der Kommunikation praktisch nicht empfangen werden kann. Im Lernprozeß kann die multisensuelle handelnd erworbene Begriffswelt nicht mit dem entsprechenden Wort verknüpft werden. Dabei ist zunächst einmal weniger entscheidend, ob das Kind ein Minimum hört oder gar nichts, sondern mehr, ob die Hörstörung seit der Geburt besteht. Kindern, die

taub geboren wurden, bleibt die Begrifflichkeit einer akustischen Welt verschlossen. Schwerhörigen Kindern kann sie z. T. durch Geräte zugänglich gemacht werden, z. T. sogar soweit, daß die Sprache teilweise, d. h. akustisch verzerrt aufgenommen wird.
Tritt der Verlust des Gehörs erst nach dem Spracherwerb ein, so liegen für das Kind Lernerfahrungen und eine soziale Situation vor, die eine völlig andere Voraussetzung für die weitere Entwicklung darstellen, nämlich Grundlagen einer Begriffswelt, die der unseren gleich ist.
Die Definitionen der graduellen Unterschiede der Hörstörungen werden folgendermaßen von Wurst definiert:

1. Ein Hörverlust zwischen 10 und 40 dB (DeziBel entspricht der „Lautheit") für den hauptsächlichen Formantenbereich (Formanten sind die Obertöne der Sprache) mit den wichtigsten Sprachfrequenzen stört nicht das Hören der Umgangssprache : leichte Schwerhörigkeit
2. Ist das Gehör für die Sprachfrequenzen in einem Ausmaß von 40 bis 70 dB reduziert, dann muß ein Hörgerät beschafft und eine Sprachbehandlung eingeleitet werden: mittelgradige Schwerhörigkeit.
3. Fallen die Sprachfrequenzen in einem Ausmaß von 70 bis 100 dB aus, dann bedeutet dieser Zustand praktisch Taubheit. Die Hörreste können aber beim Tragen eines Hörgerätes für die Hör- und Spracherziehung genutzt werden. Vor allem lassen sich die Unterscheidung von Vokalen und tiefen Konsonanten und das Richtungsgehör verbessern: hochgradige Schwerhörigkeit (34).

Die Gesamtentwicklung eines Kindes, das von einer Hörschädigung betroffen ist, hängt von der möglichst frühzeitigen Diagnose, der Versorgung – möglichst ab der zweiten Hälfte des ersten Lebensjahres – mit Hörhilfen (35) (d. h. beidseitigem Hörgerät) und der pädagogischen Frühförderung zur Anbahnung der Lautsprache ab (36).
Gelingt diese aufwendige multidisziplinäre Versorgung, die einer sehr intensiven Mitarbeit von Seiten der Eltern bedarf, so ist die Integration dieser in Lautsprache kommunizierenden Kinder in Kindergarten und Schule ohne weiteres möglich (37/38). Selbst wenn im Kindergartenalter die Sprache noch von deutlichen

Stammelfehlern geprägt ist, kann die Erzieherin davon ausgehen, daß sie bei langsamer Sprache und sauberer Artikulation vom Kind verstanden wird, sofern beim Sprechen ein Blickkontakt möglich ist, und wenn gravierende Schwierigkeiten für das Kind nicht bestehen. Die individuelle Therapie ist zu diesem Zeitpunkt jedoch keineswegs abgeschlossen und muß unabhängig vom Kindergartenalltag weiterlaufen.

Für die erfolgreich früh behandelten Kinder kann man annehmen, daß die oben angesprochenen Probleme im Kommunikations- und im Lernprozeß weitgehend kompensiert sind.

Anders sieht es aus, wenn die Hörstörung spät erkannt und die optimale Phase zum Erlernen der Sprache nicht oder nur teilweise genutzt wurde, wozu auch die unzureichende Versorgung mit Hörhilfen gehört (39).

Diese Kinder entwickeln sich in eine Gesellschaft von Menschen hinein, deren wichtigstes Kommunikationsmittel, die Sprache, der abstrakte Zugang zur Welt, ihnen verschlossen bleibt. Sie erwerben auf der Basis der ihnen möglichen Sinneswahrnehmungen eine eigene Erfahrungs- und Begriffswelt und treten aus dieser Situation heraus in die Kommunikation mit der Umwelt. Das kann nur auf der Ebene des (mehrdeutigen) Beziehungsaspektes der Kommunikation geschehen. So werden die Verhaltensweisen von hörgeschädigten Kindern in frühen Stadien folgendermaßen beschrieben:

- auffallender Eigensinn, Neigung zu Wutausbrüchen, starke Stimmungsschwankungen, Reizbarkeit, besonders als Folge von Mißverständnissen, wenn das Leiden noch nicht erkannt wurde;
- nicht selten Kopfwackeln, Kopfschlagen an die Wand, an die Polster;
- lautes, unartikuliertes Schreien aus Protest, im Widerstand oder bei Enttäuschungen. (40)

Solche Verhaltensweisen, insbesondere wenn sie vermeintlich situationsinadäquat auftreten, werden in der Regel von der Umwelt kaum verstanden und mißbilligt. Die Folge ist Ablehnung und Isolation. Für die Kinder resultieren daraus Mißtrauen, Rückzug oder Aggressivität.

Selbst wenn die Entwicklung nicht in dem beschriebenen Maße negativ verläuft, wird, wegen der Schwierigkeiten mit diesen

Kindern verbal zu kommunizieren, zuhause oft die Kommunikation auf das Notwendigste des Tagesablaufes reduziert. Kröhnert berichtet von Untersuchungen, die dieses „kommunikative Vakuum" besonders im Vorschulalter deutlich nachweisen (41). In solchen Fällen resultieren Kontaktschwierigkeiten und diese stellen neben den auffälligen Verhaltensweisen nicht selten die wesentlichen Schwierigkeiten bei der Eingliederung der Kinder in den Kindergarten dar.
Aus dem Wissen um die Entstehung dieser Schwierigkeiten und deren „Sinn" in der Kommunikation hat die Erzieherin am besten auf der Handlungsebene die Möglichkeit, diese abzubauen und dem Kind neue Lernprozesse und Identitätserfahrungen zu erschließen in der Gemeinschaft mit anderen Kindern. Neben dem oben angesprochenen Defizit kommunikativer Möglichkeiten, sind bei hörgeschädigten Kindern Defizite auch in der Umwelt- und Sacherfahrung beschrieben worden (41), die handelndes und motorisches Vorgehen im Kindergarten ebenso herausfordern. Damit wird zugleich die weitere Sprachanbahnung gefördert. Keineswegs kann dies jedoch als ausreichende „Therapie" dieser Kinder angesehen werden. Es erfordert aber eine Kooperation zwischen Kindergarten und Sprachtherapeuten bzw. Gehörlosenlehrer, um gemeinsam die Entwicklungschancen des Kindes zu verbessern.

6.3.5 Das Kind kann nicht oder eingeschränkt sprechen

Die Tatsache, daß ein Kind nicht oder nur eingeschränkt sprechen kann, drückt sich von allen hier einzeln angesprochenen Problembereichen am direktesten oder möglicherweise auch am schwerwiegendsten in Interaktion, Kommunikation und im Lernprozeß aus, wie es unter den Punkten 2. und 3. ausführlich besprochen wurde.
Auch wenn kaum angenommen werden kann, daß unter Kindern im Kindergartenalter sprachliches Ausdrucksvermögen und kognitive Leistungen im Zusammenhang gesehen werden, muß man trotz der noch sehr engen Beziehung zwischen Handeln und Sprache davon ausgehen, daß bei Problemen im Kommunikationsprozeß, durch die mangelnde Möglichkeit, den Inhaltsaspekt eindeutig vermitteln zu können, die Mehrdeutigkeit des Beziehungsaspektes (siehe auch S. 17 und 18) zu vielfältigen

Schwierigkeiten und Mißverständnissen führen kann. Es soll hier nicht auf kinderpsychiatrische Apsekte im Detail eingegangen werden.
Die Schwierigkeiten jedoch, sich nicht situationsadäquat mitteilen zu können, bilden die Wurzeln vielfältiger Auffälligkeiten reaktiver Art im Verhalten der Kinder von Überaggressivität bis zur völligen Isolation und Passivität. Diese Verhaltensweisen treten vordergründig erst in der Auseinandersetzung mit anderen Kindern auf, d. h. meist entwickeln oder verstärken sie sich erst zu Beginn des Kindergartenalters.
Auf der anderen Seite steht außer Zweifel, daß der Anreiz zum Imitationslernen in Gegenwart sprachlich altersgerecht entwikkelter Kinder in Spiel und Handlung am größten ist, d. h. gerade für diese Problemkinder die Nichtaussonderung besonders deutlich ableitbar ist. Somit liegt hier ein ganz wesentlicher Aufgabenbereich der Arbeit der Erzieherin mit sprachauffälligen Kindern in der Prävention, d. h. es handelt sich um eine schwierige, aber in diesem Verständnis eindeutig pädagogische Aufgabe.
Die Zusammenhänge der speziellen Probleme von Kindern, die nicht oder nur eingeschränkt sprechen können, sind äußerst vielfältig. Schädigungen des Gehörs als Ursache von Sprachentwicklungsstörungen wurden bereits besprochen (S. 29 ff.).
Bei einem Kind, das kein Wort spricht, kann, wenn es nicht aus psychischen Gründen das bereits erlernte Sprechen wieder einstellte (Mutismus), in der Regel davon ausgegangen werden, daß die fehlende Sprache im Rahmen einer komplexen Schädigung sich nicht entwickeln konnte. Es handelt sich hier oft um Kinder, die früher oder später als „schwer oder mehrfach behindert" bezeichnet werden. Dennoch kann auch bei diesen Kindern ein Sprachverständnis vorliegen. Deswegen ist, wie oben erwähnt (6.1. und 6.2.) das Wissen um die individuellen Fähigkeiten der einzelnen Kinder besonders bedeutsam. Diese schweren Sprachstörungen sind praktisch immer als zentrales Problem anzusehen bzw. die zentrale Koordinationsstörung spielt eine entscheidende Rolle. Teilweise läßt sich dabei unterscheiden, ob die gehörte Sprache nicht oder nur teilweise entschlüsselt werden kann (zentral auditive Störung) oder ob ein Verständnis für Sprache vorliegt, die Sprachbilder jedoch nicht vom Gehirn gebildet und somit nicht in die entsprechende Bewegung der

Sprachorgane umgesetzt werden können (zentral expressive Störung). Die Wahrscheinlichkeit, daß ein Kind lernt, aktiv zu sprechen, ist selbstverständlich im Falle des vorhandenen Sprachverständnisses größer, als wenn dies kaum entwickelt ist.
Verzögerungen der Sprachentwicklung sind insgesamt häufig, ein Problem, vor das der Kindergarten auch ohne die Frage nach der Integration von ‚Kindern mit besonderen Problemen' gestellt ist. Liegen die Ursachen in mangelnder Anregung im häuslichen Milieu oder in einem bei unteren Sozialschichten beschriebenen „restricted code" (42), so wird es häufig zu einem raschen Aufholen unter der intensiven Stimulation eines Kindergartens kommen. Nicht selten ist die verzögerte Entwicklung der Sprechfähigkeit der Kinder ein Faktum, oft das deutlichste, im Rahmen einer insgesamt verlangsamten Entwicklung, die unterschiedlichste Ursachen haben kann (43). Es ist zu wünschen, daß diese Ursachen weitgehend bekannt sind.
Allgemein kann man für alle diese Kinder sagen, daß sie die Bedeutung eines Wortes nicht lernen, auch wenn ihnen dieses Wort hundertmal in gleichem Zusammenhang vorgesprochen wird. Dies kann zwar zum Anlernen von Worthülsen führen; die Chance aber, Sprache auch in ihrer einfachsten Begrifflichkeit zu lernen, liegt in der multisensuellen Wahrnehmung, d. h. im Kennenlernen der mit dem Wortreiz verknüpften Eigenschaften durch den Gesichts-, Gehör-, Tast-, Geruchs- und Geschmackssinn (44). Jedes Kind lernt die Welt handelnd mit allen seinen Sinnen erforschen. Das gilt für alle Kinder und kann besonders gut im Kindergarten stattfinden. Hierin ist auch deutlich, wie wichtig der motorische bzw. feinmotorische Anteil im Rahmen des Sprachaufbaus ist. d. h. das zwischen beiden eines Wechselwirkung besteht (45). Es sollte den sprachentwicklungsverzögerten Kindern diese Möglichkeit in erweitertem und zeitlich verlängertem Maße eingeräumt werden. Sicher ist das je nach der Zahl der ‚Kinder mit besonderen Problemen' in einer Kleingruppe besser realisierbar. Dann ist auch die Forderung an die Erzieherin leichter einzuhalten, bei der Beschäftigung mit dem jeweiligen Kind den Blickkontakt zu suchen. Nur so werden dem Kind *alle* Anteile der „Message" zugleich vermittelt und eher deutlich.
Einschränkungen des sprachlichen Ausdrucksvermögens wie

Dyslalie oder Stammeln, sowie Dysgrammatismus bzw. fehlerhafter Satzbau können als Durchgangsstufen der normalen Sprachentwicklung im Kindergartenalter noch vielfältig angetroffen werden. Sie sind im Rahmen einer verzögerten Sprachentwicklung auch länger noch als „physiologisch" anzusehen. Hierbei ist es oft schwierig zu entscheiden, inwieweit eine Therapie schon indiziert ist, die selbstverständlich nicht vom Erzieher durchgeführt werden kann, von der jedoch Elemente in die Kindergartenarbeit übernommen werden könnten.
Dennoch kann das Stammeln nach Atzesberger wegen der mehrdimensionalen Auswirkungen folgende Schwierigkeiten für die Kinder nach sich ziehen:

- Inhaltlich-kommunikativ-kognitive Störungen mit weiteren Folgewirkungen auf das Verhalten,
- Personal-kommunikative Störung bie Abwertung des Stammlers als Partner und Mensch, mit weiteren Folgen des Ausschließens, Benachteiligens und Isolierens, was Folgewirkungen bezüglich Verhalten und Leistungen (Lernaversionen) einschließt. Antriebsdynmaische Kinder werden dabei eher in aggressives Fehlverhalten gedrängt, antriebsschwache Kinder eher in passiv-regressives Fehlverhalten.
- Auch Lernschwierigkeiten sind als Folgen (schon direkter Art) zu bedenken. (46)

Im allgemeinpädagogischen Bereich schlägt Biesalski folgende Vorgehensweise vor:

- allgemeine Gymnastik, rhythmische Übungen, Kinderlieder, Bewegungsspiele sind bei Stammlern ebenso nützlich wie bei Kindern mit Sprachentwicklungsverzögerungen. Besondere Bedeutung ist der Fingerbeweglichkeit zu schenken, weil sie unmittelbare Beziehungen zur Sprachentwicklung und Artikulation hat (47).

Diese allgemeinpädagogischen Ratschläge sind Vorgehensweisen, die für *alle* Kinder gut sind und von allen Kindern mitgemacht werden können. Es darf nicht übersehen werden, daß Stammeln gelegentlich auch als regressives Symptom (48) verstanden werden kann. Das bedeutet, daß Charakteristika früherer Stufen der Sprachentwicklung erneut auftreten als Reaktion im sozial-emotionalen Bereich, weil sich für das Kind Veränderungen im Familiengefüge, wie beispielsweise die Geburt eines

Geschwisterkindes ergeben haben. Gerade hier ist die spielerische Herangehensweise von Pädagogen außerhalb des Elternhauses oft schon „Therapie".
Der Dysgrammatismus zieht für das Kind Schwierigkeiten nach sich, die den oben für das Stammeln beschriebenen gleichzusetzen sind. Das Unvermögen der Kinder, sich eindeutig auszudrücken und zunehmend differenzierte Ausdrucksmöglichkeiten aufzubauen, kann durchaus auch im späteren Kindergartenalter zu Verständigungsschwierigkeiten und zur Isolation der Kinder führen. Um Ordnungsprinzipien und Zuordnungsmöglichkeiten zu erlernen, sind musikalisch-rhythmische (49) und psychomotorische Übungen von noch größerer Bedeutung als vorher beim Stammeln besprochen. Die spontane Sprachdarstellung und die sprachliche Kontaktbereitschaft sollen im Kindergartenalter als Voraussetzungen für Interaktion und Kommunikation sowie Lernen in der Schule erworben werden.
Bei der Erörterung der Einschränkungen des Sprechvermögens muß das Stottern abschließend besprochen werden. Es ist nicht allgemein bekannt, daß viele Kinder im Alter zwischen drei und sechs Jahren eine Sprachhemmung mit stotterähnlichen Zeichen haben, zu einem Zeitpunkt, bei dem der Rededrang größer ist als das Sprechvermögen bzw. die motorische Koordination. Man nennt dieses Phänomen auch „Entwicklungsstottern" oder „Initialstottern" (50). Diese vorübergehende Auffälligkeit der Sprache kann in Stottern übergehen. Das zu vermeiden, ist fast ausschließlich eine pädagogische Aufgabe. Wenn man das „Initialstottern" als ein Hindernis im Mitteilungsdrang des Kindes begreift, kann es nur durch Ruhe und Geduld abgefangen werden, ohne dabei dem Kind seine Schwierigkeiten deutlich zu machen.
Bei fixiertem Stottern, das einer frühen Therapie bedarf, liegt allermeist schon ein Störungsbewußtsein der Kinder vor, das zu Minderwertigkeitsgefühlen bereits im Kindergartenalter führen kann. Wegen der hierbei vorliegenden Wechselwirkungen somatischer und psychischer Probleme, sollte Stottern als psychosomatisches Phänomen verstanden werden. Hier kann der Erzieher im Behandlungsablauf eine wesentliche pädagogische Rolle spielen, z. B. in der Stärkung des Selbstbewußtseins der betreffenden Kinder. Man sollte aber auch die Möglichkeiten nicht über-

schätzen. Eine belastende familiäre Situation kann für das Kind so schwerwiegend sein, daß der Kindergarten mit seinen Mitteln einer zunehmenden Verschlimmerung der Probleme zusehen muß. Hier kann nur ein zweigleisiges Vorgehen zu befriedigenden Lösungen für die Kinder führen.
Es kann kein Zweifel daran bestehen, daß das sprachliche Milieu und die spielerisch-handelnde Erziehungweise des Kindergartens gerade Kindern mit Sprachentwicklungsverzögerungen oder -störungen den adäquaten Entwicklungshintergrund bietet, sofern ein Bewußtsein für die beschriebenen Schwierigkeiten der Kinder bei den beteiligten Erzieherinnen besteht und dasselbe im pädagogischen Prozeß umgesetzt wird. Wenn eine gezielte Therapie notwendig ist, sollten Komponenten in die tägliche Arbeit einfließen, was die Erzieherin nicht zur Therapeutin macht. Letzteres würde außerdem die Gefahr mit sich bringen, das betreute Kind in eine Sonderstellung innerhalb der Gruppe zu führen.

6.3.6 Das Kind kann nicht oder eingeschränkt sehen

Blinde und sehbehinderte Kinder werden zusammen als sehgeschädigt bezeichnet. Die getrennte Betrachtung blinder und sehbehinderter Kinder scheint in den folgenden Erörterungen jedoch insoweit notwendig zu sein, als sich die Probleme dieser Kinder unterschiedlich darstellen.
Darüber hinaus ist es von großer Bedeutung, ob ein Individuum visuelle Erfahrungen hat machen können oder seit seiner Geburt sehgeschädigt ist. Da für das Kindergartenalter Letzteres die Regel ist, soll hier nur die angeborene Sehschädigung berücksichtigt werden. Es ist für die im Kindergartenalter auftretenden Probleme von entscheidender Bedeutung, ob eine Frühförderung des Kindes stattgefunden hat oder nicht, eine Tatsache, die sowohl für das Kind als auch seine Bezugspersonen den Coping-Prozeß erheblich beeinflußt. Da Blindheit wegen des fehlenden Blickkontaktes und anderer Symptome in der Regel schon im frühen Säuglingsalter erkannt wird, kommt es allermeist im Anschluß an die Absicherung der Diagnose zur Frühförderung.
Bei sehbehinderten Kindern kann von dieser Förderung nicht mit gleicher Selbstverständlichkeit ausgegangen werden. Darum

ist, wie unter 5.2. erwähnt, die Entwicklungsdiagnose – hier speziell der optischen Wahrnehmung – von Bedeutung für die Erzieherin.
Kinder mit angeborener Blindheit haben in der Regel gegenüber der Norm von Kindern ohne Sehbehinderung eine etwas verlangsamte motorische Entwicklung während der ersten Lebensjahre, eine Feststellung, die verdeutlicht, wie wichtig die gemeinsame Funktion *aller* Sinnesbereiche für die Entwicklung ist, Gleiches ist auch für die Sprachentwicklung blinder Kinder beschrieben worden. Diese Verzögerungen können durchaus auch im Kindergartenalter noch feststellbar sein.
Ein wesentliches Problem bei der Lösung des blinden Kindes von seiner Familie ist die Angst vor fremder Umgebung und fremden Personen, eine Angst, die in übersteigertem Maß zur völligen psychischen Blockade führen kann. Demzufolge sind die Konstanz in den Lebensbedingungen, die vorsichtige Gewöhnung an neue Bedingungen und dieselben, nicht wechselnden Betreuer im Kindergarten besonders wichtig.
Diese Angst findet ihre Grundlage auch in der anfänglichen Unsicherheit im Raum. Hinzu kommen Materialangst, sowie Angst vor unbekannten Gegenständen. Da Gegenstände und Funktionen nur über die Hände kennengelernt werden können, braucht das blinde Kind längere Zeit als andere Kinder, sich damit im Spiel auseinander zu setzen, um die Qualitäten eindeutig zu lernen und wieder erkennen zu können.
Desgleichen ist längere Zeit erforderlich, um eine Vorstellung von der Umwelt aufzubauen. Bei allen diesen Situationen sollte bedacht werden, daß das blinde Kind viel mehr als andere „ganzkörperlich" wahrnimmt, ein Führungsstock z. B. eine Hilfe, aber nur einen Teil der Orientierungsmöglichkeiten im Raum darstellt. Die Gefahr von Stürzen und Verletzungen ist offenbar gering. Da sich die blinden Kinder sehr vorsichtig bewegen, stößt ihnen nicht häufiger als sehenden etwas zu (51).
Die Annahme, daß das Gehör für das blinde Kind ein wichtiger Faktor in der Kompensation des fehlenden Sehens ist, trifft zwar zu. Jedoch kann eine übermäßige akustische Stimulation – im Sinne einer Überflutung – zu einer starken Passivität führen. Diese Feststellung sollte im pädagogischen Bereich unbedingt Berücksichtigung finden.

Blinde Kinder neigen zu Bewegungsstereotypien, ebenso zu Verbalismen – d. h. Nachsprechen von Wörtern und Sätzen, deren Sinn nicht erfaßt wird (52). Dies findet seine Erklärung zu einem Teil in der Tatsache, daß das Lernen und die Begriffsbildung über falsche Vorbilder erfolgte und daß Handlungsabläufe nie erfahren wurden.
Das heißt für die pädagogische Arbeit im Kindergarten, daß realitätsnahes, handlungs- und situationsgebundenes Spiel diesen Problemen am besten vorbeugt.
Als sehbindert werden nach den Vorschlägen der Deutschen Ophthalmologischen Gesellschaft Kinder bezeichnet, die mit Gläserkorrektur

- auf dem besseren Auge oder beidäugig eine zentrale Sehschärfe von 1/3 bis 1/20 besitzen,
- in der Nähe eine Sehschärfe von 0,3 oder weniger bei einem Arbeitsabstand von 30 cm oder weniger aufweisen,
- oder bei denen erhebliche Einschränkungen des Gesichtsfeldes bestehen. (53)

Das eingeschränkte Sehvermögen hat aber nur dann einen Wert, wenn WAS und WO signalisiert werden. Um diese Zusammenhänge zu verstehen, muß kurz auf die Anatomie des Auges zurückgegriffen werden. Der lichtempfindliche Teil des Auges, die Netzhaut, hat einen Punkt schärfsten Sehens im Zentrum, die Fovea. Diese macht zwar nur 1 % der Fläche der Netzhaut aus, aber ihr entsprechen 2/3 der analysierenden Zellen der sogenannten Sehrinde des Gehirns. Dieser Punkt schärfsten Sehens vermittelt Genauigkeiten über das WAS. Ist ein Gegenstand auf der Netzhaut in einem gewissen Abstand zur Fovea abgebildet, signalisiert dieser Ort dem Bewußtsein einen „Richtungswert", der dem Abstand zur Fovea entspricht, das WO. Das heißt, das foveale Sehen ist wichtig sowohl zum Erkennen als auch zur Orientierung im Raum. Licht kann bei schwer sehbehinderten Kindern also nur dann eine Orientierungshilfe sein, wenn eine Richtungsempfindung damit verbunden ist. Ist das nicht der Fall, dann können sehbehinderte Kinder Licht als störend empfinden und als Ablenkung von der Orientierung durch die anderen Sinne. Hinzu kommt, daß viele Kinder durch organische Vorgegebenheiten, z. B. bei Linsentrübung, durch Streustrahlen ausgesprochen blendempfindlich sind, d. h. in bestimm-

ten Situationen gar nichts sehen können. Es muß auch damit gerechnet werden, daß auf optisch schwache Reize eine Aufmerksamkeitszuwendung nicht erfolgt.
Ist das zentrale, d. h. foveale Sehen gestört, so laufen die durch periphere optische Reize ausgelösten Augenbewegungen deutlich vergröbert und ungenauer ab, d. h. man beobachtet unsicher suchende Einstellbewegungen, Bewegungsunruhe der Augen während des Anblickens und suchende Folgebewegungen (54). Dem kann bei hochgradig sehbehinderten Kindern ein Wegwenden der Augen mit einer raschen Gleitbewegung folgen, was nicht Desinteresse des Kindes ausdrückt. Haben die Kinder einen von ihnen verlangten oder selbstgewählten Fixationsprozeß vollbracht, dann suchen die Augen wieder Ruhe (55).
Ist das Gesichtsfeld lückenhaft, so kann man ähnliche jedoch weniger ausgeprägte Probleme bei der Fixation und Orientierung feststellen.
Bei völlig fehlender fovealer Fixation werden nur sehr großflächige Gegenstände optisch registriert.
Die Beweglichkeit und die Bewegungsfähigkeit der Augen spielen ebenfalls eine entscheidende Rolle beim Sehprozeß. Kindern, die aus vielfältigen Gründen eine Koordinationsstörung der Augenmuskeln haben, macht es die mangelnde Kontrolle der Beweglichkeit unmöglich, etwas „auf einen Blick" zu erfassen. Sie müssen zusätzlich Zeit und Mühe aufwenden für die stückweise Aufnahme des optischen Eindrucks. Dabei können Wahrnehmungen unvollständig und fehlerhaft bleiben (56).
Es ist nachvollziehbar, daß die Konzentration auch beim leichter sehbehinderten Kind schneller nachläßt, das Leistungsvermögen früher erschöpft ist. Das kann fälschlicherweise als Desinteresse oder mangelnde Mitarbeit interpretiert werden. Gelegentlich klagen diese Kinder auch über Kopfschmerzen (57).
Um den Schwierigkeiten dieser Kinder zu begegnen, werden folgende prinzipielle Vorschläge gemacht:

- Verstärkung der optischen Reize,
- Verstärkung der Aufmerksamkeitszuwendung auf die optischen Reize
- Wiederholung von gleichen und ähnlichen visuellen Wahrnehmungen zum Speichern von Seherfahrungen (58).

Von großer Bedeutung zur Verknüpfung der gewonnenen Eindrücke sind gleichzeitige taktil-kinaesthetische Erfahrungen und die Wortunterstützung im pädagogischen Vorgehen.

6.3.7 Das Kind kann nicht oder eingeschränkt erkennen

Die Tatsache, daß ein Kind Schwierigkeiten hat, Personen, Gegenstände und Situationen zu erkennen und darauf zu reagieren, ist mehr als ein ausschließlich auf das Sehen und Hören bezogenes Phänomen. Wir erleben die Welt mit allen Sinnen, also auch riechend, schmecken, tastend, wobei die Empfindung für unseren Körper, seine Haltung, seine Bewegungskoordination – die kineasthetische Wahrnehmung – oft vergessen wird. Wie schon mehrfach erwähnt, bauen wir unsere Begriffswelt multisensuell auf. Dabei kann der Ausfall eines Sinnesbereiches noch teilweise überbrückbar sein. Sind es mehrere Bereiche, so kann das zu sehr einengenden Entwicklungsbedingungen die Grundlage sein.

Es besteht ein Unterschied zwischen der direkten Schädigung der die Reize aufnehmenden Organe, also im Sinne der oben besprochenen Blindheit und Taubheit (6.3.4., 6.3.6.) und der Tatsache, daß das Organ selbst nicht geschädigt ist, die Informationen aber im Gehirn unzureichend verarbeitet und gespeichert werden. Das ist die eigentliche Ursache der Schwierigkeiten, Dinge nicht erkennen zu können, also die eigentliche Wahrnehmungsstörung.

Auch wenn dies ein Gebiet ist, das vorwiegend von Psychologen bearbeitet wurde, läßt es sich nicht ganz aus dem Problemkreis lösen, der sich mit der Integration von ‚Kindern mit besonderen Problemen' befaßt, wegen der vielfachen Verknüpfungen unter den einzelnen Bereichen. Es soll wiederum versucht werden, allgemeine Gesichtspunkte in diesem Sinne zu erörtern.

Die Grundlage des Erkennens ist die gemachte Erfahrung. Ein erstes Kennenlernen und Empfinden einer spezifischen Art und Anordnung von Reizen hinterläßt eine spezifische Gedächtnisspur. Für eine endgültige Speicherung ist eine mehrfache Wiederholung dieser Reize Voraussetzung. Entscheidend für eine Begriffsbildung ist die Verknüpfung von Eindrücken verschiedener Sinnesbereiche. Auf dieser Grundlage sind die Erinnerungsbilder zum Wiedererkennen abrufbar.

Das Wahrnehmungssystem erhält im Laufe seiner Entwicklung

eine immer feinere und genauere Differenzierung. Die von den Sinnen gelieferte Information bleibt im Laufe der Entwicklung realtiv konstant; was sich verändert, ist die Art und Weise wie wir sie interpretieren (59).
Die Reaktion auf einen wahrgenommenen Reiz findet ihren Ausdruck immer in Bewegung. Für Haltung, Gestik, Mimik – die Mittler des Beziehungsaspektes der Kommunikation – aber auch für Handeln und Sprechen sind motorische Funktionen unabdingbar (60).
Wir haben also in der subtilen Beobachtung eines Kindes einen Indikator für die Schwierigkeiten des Erkennens, sofern nicht zusätzlich eine massive motorische Störung vorliegt. Kinder werden z. B. schwächeren optischen Reizen ihre Aufmerksamkeit oft nicht zuwenden (61). Man wird beobachten, daß Kinder ihr Interesse vorrangig einer Reizqualität widmen, die für andere Kinder offenbar weniger bedeutsam ist.
Gravierend für Interaktion und Kommunikation kann sich die fehlende oder falsche Interpretation von Mimik und Gestik bei einer komplexen optischen Wahrnehmungsstörung auswirken (62), womit wiederum die Mehrdeutigkeit des Beziehungsaspektes der Kommunikation angesprochen ist und die Schwierigkeiten für die soziale Integration erkennbar werden.
Es ist somit deutlich, daß die Kinder, die nicht oder eingeschränkt erkennen können, geringer wenn nur ein Sinnesbereich betroffen ist (modalspezifisch), stärker wenn mehrere Sinnesbereiche in ihrer Koordination betroffen sind (intermodal), eine ihnen eigene Begriffswelt aufbauen. Diese macht es oft schwierig, bei offenbar „normal funktionierenden Sinnesorganen" Erkennensprobleme, fehlende Aufmerksamkeitszuwendung und bestimmte Verhaltensweisen zu verstehen.
Extrem werden diese Bedingungen, wenn die Gesamtheit der Sinneseindrücke Störungen der Verarbeitung und Speicherung unterliegt. Dabei kann die Qualität des Erkennens dadurch eingeschränkt sein, daß Wahrnehmungsreize sehr geringer Intensität zu einem Block führen und weitere Reizaufnahme verhindern (Hypersensibilität), oder daß nur stärkste Reize offenbar zu einer Reaktion führen (Hyposensibilität), oder durch sogenannte „weiße Geräusche", wobei das Wahrnehmungssystem so ineffektiv arbeitet, daß die eigene Tätigkeit zu einer Interferenz

mit der Reizaufnahme führt (63). Diese verschiedenen Möglichkeiten wurden von Delacato als Theorien zum Verständnis des autistischen Syndroms beschrieben. Sie helfen als Hypothesen durchaus auch Probleme von Kindern zu verstehen, deren Schwierigkeiten nicht diesem Syndrom zugeordnet werden können. In jedem Fall geht das Kind aus seiner eingeschränkten oder verzerrten Wahrnehmungswelt, die seine ihm eigene ist, mit der Umwelt Interaktion und Kommunikation ein. Die Äußerungen, die sich oft mehr leblosen, statischen Dingen als lebenden Wesen zuwenden, und das Verhalten dieser Kinder zu „verstehen", übersteigt oft auch die Möglichkeit von Experten. Ihnen aber Verständnis im Sinne einer Bemühung um Kommunikation entgegen zu bringen und ihnen so näher zu kommen, muß pädagogisches Ziel sein.
In den oft schwierigen Deutungen der Wahrnehmungsmöglichkeiten eines Kindes und den daraus resultierenden Problemen ist die Erzieherin in der Regel überfordert. Hier kann sachkundiger Rat den sinnvollen Umgang mit dem Kind manchmal erst möglich machen.

6.3.8 Das Kind kann nicht oder eingeschränkt begreifen

Die Probleme des „Begreifen-könnens" sind sehr komplexerr Art. Sie sind zu einem wesentlichen Teil in den vorangehenden Kapiteln in Zusammenhang mit dem Greifen (6.3.3.) und besonders dem Erkennen (6.3.7) angesprochen worden.
Es werden im Kindergarten jedoch immer wieder Kinder beobachtet, bei denen Greifen und Erkennen nicht herausragend gestört erscheinen, die aber insgesamt eine verzögerte Entwicklung durchlaufen haben, wenn man die einzelnen Bereiche betrachtet (6.1.). Dabei kann die Entwicklung der Grobmotorik sich am wenigsten abweichend vollzogen haben. Diesen Kindern fehlt es oft an Interesse und Konzentrationsvermögen. Die Aufmerksamkeit „schwimmt" sozusagen von Gegenstand zu Gegenstand, ohne daß ein konstruktiver Umgang gesucht wird. Wenn Spielzeug entfernt wird, kommt es oft nicht einmal zu Protestreaktionen. Im Gegensatz zu Kindern mit autistischen Verhaltensweisen ist hier die uns gewohnte emotionale Kontaktaufnahme gut möglich. Das Problem liegt in mangelndem Interesse und sehr kurzen Konzentrationsspannen, so daß Zusammen-

hänge von diesen Kindern oft nicht oder unter Mühen begriffen werden. Gründe dafür können in mangelnder Stimulation und mangelnden Lernangeboten von Seiten der Umwelt in der frühesten Kindheit liegen wie auch in motorischen, sensiblen und sensorischen Einschränkungen und dem daraus resultierenden Erfahrungsmangel. Defizite aus der frühen Erfahrungsphase belasten die spätere Vorstellungsphase der Intelligenzentwicklung. Im Einzelfall lassen sich nur vage Vermutungen darüber anstellen, welche Faktoren die geistige Entwicklung am stärksten beeinträchtigen (64). Häufig sind diese Kinder auffallend ruhig und „zufrieden". Nicht selten wandelt sich dieses Bild später zu einer nicht zielgerichteten Überaktivität (65). Es gibt unterschiedliche Vorstellungen darüber, ob auffallende Inaktivität wie Hyperaktivität primär durch organische Veränderungen des Gehirns hervorgerufen werden oder Folgezustände sind. Auch im Einzelfall ist das nicht immer sicher zu klären. Daß sie Hindernisse im „Begreifen" darstellen, ist eine Tatsache.
Zum Teil sind diese Auffälligkeiten aus der Entwicklung des Kindes und aus anderen Aspekten des Verhaltens als reaktiv erklärbar. Die Komplexität der Zusammenhänge zwischen Mangel an Erfahrungen, demzufolge Fixierung an Details, inkomplette Wahrnehmung und daraus resultierenden Abstraktionsschwierigkeiten ist nachvollziehbar. Diese führen das Kind immer wieder zu Mißerfolgserlebnissen, die schließlich mangelndes Konzentrationsvermögen sowie schwankenden Leistungs- und Objektbezug nach sich ziehen (66). Die Integration dieser Kinder in den Kindergarten ist zweifellos gut möglich, da sie in der Regel im Beziehungsaspekt der Kommunikation gut ansprechbar sind und über Erfahrungen verfügen, oft auch etwas sprechen können.
Schwieriger dürfte sich die Förderung gestalten, wenn ein Kind zunächst aus dem Kreislauf der Mißerfolgserlebnisse und der Resignation herausgeholt werden muß, was nur durch ein zunächst individuelles Eingehen auf das Kind möglich ist, indem eine neue Vertrauensbasis geschaffen wird. Nur dadurch kann eine Basis für das „Begreifen" geschaffen werden. Grundprinzip muß dabei das Vermeiden von Überforderung sein. Dazu ist die detaillierte Kenntnis des Entwicklungsstandes nötig. Auch hier hat sich als Erfahrungstatsache herausgestellt, daß das Nach-

eifern im Zusammensein mit den anderen Kindern ein günstiger Aktivierungsstimulus ist, der vieles ermöglicht, was vorher für unwahrscheinlich gehalten wurde.
Im Zusammenhang dieses Kapitels ist der Ausdruck „geistig behindert" bewußt vermieden worden, weil eine solche Aussage in diesem Alter schwierig zu begründen ist und eher zu einem resignativen Erziehungsverhalten Anlaß sein könnte.

6.3.9 Das Kind hat Krampfanfälle

Die weit verbreitete Meinung, man müsse dem Kind mit einer Epilepsie „etwas anmerken" trifft nur für die Minderzahl der Kinder zu. Beginnt die Epilepsie in der frühen Kindheit und sind die intellektuelle und die Persönlichkeitsentwicklung nicht durch die Auswirkungen eines zusätzlichen Hirnschadens beeinträchtigt, so unterscheiden sich frühkindliche Erziehung und Schulbesuch nicht von einem nicht betroffenen Kind. Das gilt besonders dann, wenn das Auftreten der Anfälle durch Medikamente verhindert werden konnte (67).
Nur bei einem kleinen Teil der Kinder beobachtet man eine deutliche Entwicklungsbeeinträchtigung, Kindern, bei denen die Epilepsie im Rahmen einer komplexen Schädigung aufgetreten ist. Hierin wird deutlich, daß verallgemeinerbare Aussagen über die Probleme von Kindern, die von Krampfanfällen betroffen sind, nur schwer gemacht werden können.
Von entscheidender Bedeutung für die Art der Eingliederung von Kindern mit einem Anfallsleiden dürfte die Tatsache sein, ob Anfälle auftreten oder nicht und welche Schwierigkeiten für anfallskranke Kinder bestehen können, bzw. im Umgang mit ihnen entstehen.
In 65-70 % aller Fälle kann volle Anfallsfreiheit erreicht werden (68). Der Therapieerfolg hängt ganz wesentlich von der Art der Anfälle ab. Bei einem Teil der anfallskranken Kinder gelingt es nicht, durch Medikamente Anfallsfreiheit zu erreichen. Bei den Kindern, deren Behandlungsverlauf ohne Probleme ist, bewirken die Medikamente nur selten Verhaltensstörungen. Diese treten bei einigen Kindern zu Beginn der Behandlung auf und verschwinden in der Regel nach einigen Tagen wieder. Müdigkeit, verlangsamte Reaktionen, ungeschickte Bewegungen, unsicherer, plumper Gang, Reizbarkeit, Bockigkeit, situationsinadäquates

Verhalten sind hier zu nennen. Bei schwer beeinflußbaren Krankheitsverläufen und entsprechend hoher Medikamentendosierung müssen solche Nebenwirkungen oft in Kauf genommen werden (69). Diese Kinder können im Kindergarten Schwierigkeiten bei der Einbeziehung in die Gruppe machen. Die Schwierigkeiten dieser Kinder müssen aber auch noch aus einem anderen Gesichtswinkel verstanden werden. Dem anfallskranken Kind ist der Hergang seiner Anfälle verschlossen. Über eine Aura (Empfindungen, die dem Anfall vorausgehen) weiß man bei Kleinkindern wenig. Das Kind spürt möglicherweise ein Mißbehagen, Müdigkeit und Desorientiertheit nach dem Anfall. Das eigentliche Kranksein aber erlebt es im Spiegel der Umwelt (70). Es kann hier nicht auf die vielfältigen Probleme eingegangen werden, die sich für Eltern aus der Tatsache ergeben, ein anfallskrankes Kind zu haben. Von Ablehnung bis zur Überbehütung können Reaktionen im Erziehungsprozeß so interferieren, daß manche Verhaltensauffälligkeiten der Kinder als eindeutig sekundär einzuordnen sind. Die Einbeziehung des Kindes in das Wissen um die Krankheit und die Notwendigkeit der Behandlung – in altersgemäßer Weise – hat sich als ein positiver Faktor in der Auseinandersetzung mit der Problematik erwiesen (71). Auch der Erzieherin dürfte das den Umgang mit dem Kind wesentlich erleichtern.

Manche Kinder unterschieden sich von gleichaltrigen dadurch, daß sie rascher ermüden und sich schwerer konzentrieren können. Andere fallen durch Zappeligkeit und Unruhe auf. Beim Spiel haben sie keine Ausdauer und beginnen ständig etwas Neues. Sie können durch ihre Unrast in der Gruppe sehr störend wirken. Gelegentlich sind diese Kinder auch sehr trotzig und geraten schon bei kleinsten Anlässen in Wut. Wie weit hier durch Medikamente bedingte Wahrnehmungsstörungen das Konzentrationsvermögen zusätzlich einschränken, ist kaum bekannt.

Andere sind in allen Tätigkeiten sehr langsam und begreifen Zusammenhänge nur mühsam. Wenn ein Teil aller dieser Auffälligkeiten, die es zweifellos auch bei Kindern ohne Anfallsleiden gibt, der Ausdruck der Schwierigkeiten im Erziehungsprozeß sind, so geht man beim anfallskranken Kind von einer gestörten Hirntätigkeit als Grundlage der Verhaltensauffälligkeit aus. Zu einem Teil besteht eine abnorme Reizbarkeit bzw. es fehlen die Hemmungsmechanismen im Gehirn. Das gilt besonders für die unruhigen Kinder. Eine gestörte Hirntätigkeit wird ebenso für die verlangsamten Kinder als Ursache angenommen (72). Im Einzelfall kann es sich also um Wechselwirkungen von primären Störungen der Hirntätigkeit, Nebenwirkungen der Medikamente und inadäquates Erziehungsverhalten der Eltern handeln, die auch von Experten kaum in ihre einzelnen Komponenten auflösbar sind und die die Erzieher vor erhebliche Schwierigkeiten stellen können.

Neben vielen auf Einzelprobleme ausgerichteten Ratschlägen in der pädagogischen Literatur, die von der Deutschen Sektion der Internationalen Liga gegen Epilepsie herausgegeben wurde (siehe Angaben 69, 72 u. a.) werden allgemein immer wieder großräumiges Spiel, Rhythmik und Psychomotorik als die Medien hervorgehoben, die es besonders gut ermöglichen, die Kinder mit den oben besprochenen Schwierigkeiten in die Gruppe zu integrieren.

6.3.10 Das Kind ist körperlich nicht belastungsfähig

Die Einschränkung der Belastungsfähigkeit von Kindern im körperlichen Bereich wird in der Regel durch chronische Erkrankungen oder durch die Folgen von angeborenen Fehlbildungen, z. B. des Herzens verursacht. Unter chronischen Krankheiten versteht man längerdauernde Störungen und Belastungen der Gesundheit, die den Gesamtzustand des Kindes merklich beeinträchtigen können. Chronische Krankheiten müssen nicht lebenslang bestehen. Allermeist ergibt sich aus dem Betroffensein durch eine solche Erkrankung eine erhebliche psychische Belastung, und sehr oft gehen Verhaltensauffälligkeiten parallel (73). Diese Kinder müssen häufig bei gerade für das Erleben des Kindes besonders positiven Tätigkeiten zurückstehen, wie z. B. beim Sport, beim Schwimmen, beim ungezwungenen Herumtollen, beim Klettern. Ein solches Kind wird – alleingelassen – im Bewußtsein seiner Leistungseinschränkung unsicher und entwickelt nur ein schwaches Selbstvertrauen (74). Je nach Art der Erkrankung erleidet das Kind Schmerz, Atemnot, Kraftlosigkeit und Schwindelgefühl. Diese Kinder fühlen sich der Einschränkung ihres Expansionsdranges zwanghaft ausgesetzt und geraten mit den sich aus der Krankheit ergebenden Notwendigkeiten der Lebensführung in Konflikt. Ein inneres Verständnis für die Krankheit, ihre Ursachen und Auswirkungen besteht nur in Ansätzen. Es ist im Kindergartenalter nur begrenzt möglich, eine Einsicht für die notwendigen Behandlungsmaßnahmen aufzubauen. Oft empfinden die Kinder Krankheitsbelastung, Schmerzen, Diätverordnungen und Injektionen als Bestrafung, die sie in Beziehung zu eigenem vermeintlichen Fehlverhalten setzen (75). Das führt nicht selten zu erheblichen Konflikten zwischen Eltern und Kind, wobei die Eltern selbst durch die Tatsache, ein chronisch krankes Kind zu haben, in ihrem Erziehungsverhalten verunsichert sind. Ihr Umgang mit dem Kind ist für dessen psychische Stabilität von großer Bedeutung. Sie durchlaufen zunächst einen „Trauerprozeß" aufgrund nicht erfüllter Erwartungen in das Kind. Das Zuhören bei ihren Sorgen, die Vermittlung von Verständnis, das Begreiflichmachen, das Verschaffen kompensatorischer Möglichkeiten und das Aufzeigen von Kompromissen gehören zu dem Prozeß, der mit Eltern und Kindern durchgearbeitet und miterlebt werden muß (76).

Besonders schwierig sind für das Kind längere Krankenhausaufenthalte zu verarbeiten, die sich aus der Notwendigkeit von Behandlungsmaßnahmen oder Rückfällen der Erkrankung ergeben und das Kind immer wieder aus seinen sozialen Bezügen reißen.

Der Kindergarten hat für Kinder mit Einschränkungen ihrer körperlichen Belastungsfähigkeit und den sich daraus ergebenden angesprochenen Problemen die große Chance, dem Kind Entfaltungsmöglichkeiten zu verschaffen, die sich an seinen Fähigkeiten orientieren und die in diesen Fällen nicht im expansiven Spiel, sondern eher im feinmotorischen Bereich, aber auch im Bereich der Sprache und der Musik liegen. Wichtig für die Integration dieser Kinder ist es auch, bei krankheitsbedingter Abwesenheit durch Briefe, Bilder oder Besuche die Zugehörigkeit zur Kindergruppe spüren zu lassen. Gerade diese wenig aufwendige Hilfe trägt entscheidend zum Abbau der Unsicherheit und zur Stabilisierung der Identität bei und legt damit ein Grundlage, die bei der Überwindung der Krankheit mit von wesentlicher Bedeutung sein kann.

6.4. Die Problematik der Kombination verschiedener Funktionsausfälle

Die bisherige Betrachtungweise, isolierte Bereiche organischer Defekte oder Fehlfunktionen in ihren Auswirkungen deutlich zu machen, wurde – wie eingangs erwähnt – bewußt gewählt, weil für den Nichtmediziner der Verständniszugang zu den betroffenen Kindern leichter fällt als über die Auseinandersetzung mit vielen komplizierten Krankheitsbildern.

Im Kindergartenalltag werden immer wieder Kinder sein, die Schwierigkeiten in mehreren der hier angesprochenen Bereiche haben. Man kann nicht immer davon ausgehen, daß sich die Probleme einfach summieren. In den auch in den vorangehenden Erörterungen immer wieder angesprochenen Verflechtungen der einzelnen Funktionsbereiche liegt der Grund dafür, daß es eher zu einer Verstärkung, vielleicht Potenzierung der Probleme, führen kann, wenn z. B. Motorik und Wahrnehmung gestört sind und dazu Krampfanfälle kommen. Diese schwer geschädigten Kinder sind eine besondere Herausforderung für alle mit ihnen beschäftigten Personen.

Dennoch werden etliche der für die einzelnen Bereiche angesprochenen Schwierigkeiten auf die Praxis übertragbar sein. Man darf aber nicht in „einäugiger" Betrachtungsweise sich in der Förderung nur einem Bereich widmen, sondern sollte immer versuchen, die Bedürfnisse des Kindes als Ganzes zu verstehen.

Daneben wird das Verständnis um die einzeln abgehandelten Problembereiche auch manchem Kind zugute kommen, das sich als ‚ohne besondere Probleme' im Kindergarten befindet, aber durchaus Schwierigkeiten hat, die vorher im Elternhaus nicht aufgefallen sind. Wie bei dem Phänomen Gesundheit – Krankheit gibt es auch in diesen Bereichen der Kleinkindentwicklung fließende Übergänge zwischen unauffälliger und eingeschränkter Funktion.

7. Welche organisatorischen Konsequenzen ergeben sich aus den bisherigen Erörterungen für Kindergräten mit integrativem Konzept?

Aus den bisherigen Ausführungen ergibt sich, daß ‚Kinder mit besonderen Problemen' häufig in einem Ausmaß Schwierigkeiten bei der Auseinandersetzung mit der Umwelt haben, daß sie zur Überbrückung und Bewältigung dieser Schwierigkeiten besonderer Unterstützung und individueller Zuwendung bedürfen. Außerdem muß die Erzieherin oft Spielsituationen schaffen, die den Möglichkeiten von ‚Kindern mit besonderen Problemen' entgegenkommen und alle anderen Kinder einbeziehen. Weiterhin benötigen diese Kinder oft Hilfe bei alltäglichen Verrichtungen wie An- und Auskleiden, Essen und zur Toilette gehen. Damit diese Dinge möglich sind, bedarf es Zeit, die von den Erzieherinnen bei der üblichen Gruppengröße bzw. dem üblichen Personalschlüssel nicht aufgebracht werden kann. Steht diese Zeit nicht zur Verfügung, so wird man den Bedürfnissen von ‚Kindern mit besonderen Problemen' nicht gerecht, und der Versuch der Integration birgt die Gefahr des Gegenteils, nämlich der Resignation und der Isolation, in sich.
Es sollte immer angestrebt werden, mit den Therapeuten der Kinder Kontakt zu haben, um einerseits mehr über den Umgang mit dem Kind zu erfahren und um andererseits Teilaspekte der Therapie in die pädagogische Arbeit zu integrieren, soweit das möglich und sinnvoll ist.
Zu allen diesen Dingen ist ein Zeitraum für Vor- und Nachbereitung der pädagogischen Arbeit unabdingbar. Es muß die Arbeit im Team reflektiert werden. Es müssen Informationen herangeholt werden.
Last, not least, ist die Zusammenarbeit mit den Eltern von besonderer Wichtigkeit. Das wurde immer wieder angesprochen. Gerade bei diesen Kindern sind Hausbesuche öfter notwendig, um Eltern und Kinder besser zu verstehen. Elternabende unter Einbeziehung aller Eltern sollten häufig durchgeführt werden, um den Integrationsgedanken mit seinen Schwierigkeiten in der Praxis auch den Erwachsenen lebendig zu vermitteln und somit die Arbeitsbasis zu verbessern. Schließlich wäre die Anregung zu freien Elterngruppen (evtl. im Sinne von Selbsthilfegruppen)

eine Aufgabe der Pädagogin. Gerade hier werden die Eltern behinderter Kinder erfahren, daß sie eine Menge Sorgen mit Eltern nicht behinderter Kinder teilen, die sie eher der Tatsache angelastet hatten, ein behindertes Kind zu haben.
Neben diesen organisatorischen Rahmenbedingungen muß der Kindergarten räumlich so beschaffen sein, daß dem Expansionsdrang einzelner Kinder nicht zu enge Grenzen gesetzt sind, daneben auch die räumlichen Vorbedingungen für Rhythmik und Psychomotorik vorhanden sind. Andererseits sollte eine Raumgliederung auch die Schaffung von intimen Bedingungen für kleine Gruppen ermöglichen, wie es in vielen Kindergärten ohnehin üblich ist. Wenn Türen, Toiletten und Aufgänge behindertengerecht sind, so ist das von Vorteil, sollte aber nicht als unabdingbar angesehen werden. Einerseits kann man im Kindergartenalter noch verhältnismäßig gut ohne Rollstuhl auskommen und andererseits sind die allgemeinen Lebensverhältnisse außerhalb von Sondereinrichtungen auch nicht behindertengerecht. Das Kind wird ihnen zwangsläufig konfrontiert.
Zum Vorhandensein von Hilfsmitteln kann nur gesagt werden, daß diejenigen auch im Kindergarten benutzt werden sollten,die sich für das einzelne Kind zuhause als hilfreich erwiesen haben. Wegen der großen Vielfalt kann eine Verallgemeinerung nicht gegeben werden.

8. Was ist Therapie; was ist Pädagogik; wo ist das Kind eine selbständige Persönlichkeit?

Therapie und Pädagogik sind historisch gewachsene Begriffe. Therapie war ursprünglich eng mit medizinischem Handeln verbunden und ist später insbesondere in die Heil- und Sonderpädagogik übernommen worden auf der Grundlage eines defektorientierten Handlungsansatzes. Eigentlich sollen Therapie und Pädagogik als Maßnahme *neben* und *nicht* über dem stehen, was wir als die „normale" Entwicklung des Menschen bezeichnen. Therapie will „Abweichendes" heilen, um „Normales" möglich zu machen. Pädagogik will die „normale" Entwicklung auf ein Ziel orientieren. Statt sich dem obersten Ziel, der freien Entfaltung der Persönlichkeit unter Anerkennung der Bedürfnisse des

Kindes, unterzuordnen, werden beide Absichten häufig vermischt, das Kind ohne Berücksichtigung seiner spezifischen Situation von außen eingeengt bzw. fremdbestimmt.
Das Elternhaus und die Pädagogen sollten dem Kind die Möglichkeiten zu seiner Entfaltung in einer Alltagswelt schaffen. Das schließt die gezielte Therapie bestimmter Probleme nicht aus. Eltern und Pädagogen benötigen für ihre Aufgabe oft Hinweise und Handlungsvorschläge des Therapeuten. Für diesen wiederum wäre es sinnvoll, die Alltagswelt des Kindes kennen zu lernen.Insoweit bestehen zwischen beiden enge Verflechtungen. Es darf dabei nicht der Erzieher zum Therapeuten und der Therapeut zum Erzieher werden. Die Zusammenarbeit sollte ein kooperativer Prozeß und nicht eine hierarchische Verordnung von Methoden sein, wenn man dem Kind als Persönlichkeit gerecht werden will.

9. Wo wird die Integration zum Problem?

Daß Integration von ‚Kindern mit besonderen Problemen' in den Regelkindergarten ein in jedem Falle reibungsloser Prozeß ist, erwartet niemand. Leichtere Schwierigkeiten der Kinder sind in der Regel zu meistern, weil Integration nicht vordergründig eine Frage der Bedingungen sondern auch des Wollens ist. Aber auch dies Wollen kann an Grenzen stoßen, die nicht unbedingt überwindbar scheinen.

9.1. Probleme vom Kind aus gesehen

Wie oben erwähnt, müssen wir davon ausgehen, daß die Situation von Kindern, die einen komplexen organischen Schaden und infolgedessen in vielen Bereichen Probleme in der Auseinandersetzung mit der Umwelt haben, deren Kommunikationsmöglichkeiten kaum entwickelt und mit unseren Denkkategorien nicht ohne weiteres zugänglich sind, uns viele Fragen aufgeben. Wir wissen kaum, ob das um sie ablaufende Geschehen reizvoll ist oder eine Belastung darstellt, ob sie sich wohl fühlen oder nicht in der Lage sind, ihre Unzufriedenheit auszudrücken. Nicht unwesentlich dabei ist es zu fragen, ob es überhaupt möglich ist, in kommunikativen Kontakt mit dem Kind zu treten

und ihm spielerische Erfolgserlebnisse zu vermitteln. Hier kommen wir in einen Grenzbereich, der uns die Frage aufgibt nach der Verantwortbarkeit, das geschädigte Kind den Turbulenzen einer Kindergruppe auszusetzen, eine Frage, auf die es keine klare Antwort gibt. Das Kind könnte uns insoweit selbst Antwort geben, als seine Bezugspersonen seine emotionale Befindlichkeit am besten kennen und somit beurteilen können, wie das Kind reagiert, wenn es mehrere Male in einer Gruppe gewesen ist. Erwägenswert ist in jedem Fall der Versuch, das Kind zunächst in einer kleinen Gruppe Erfahrungen sammeln zu lassen und es dabei genau zu beobachten. Das könnte als Zwischenschritt die Einbeziehung in eine normale Kindergruppe für beide Seiten erleichtern.
Ähnliches gilt für Kinder mit ausgeprägten autistischen Verhaltensweisen. Bei ihrer charakteristischen Veränderungsangst und dem Haften am Gewohnten werden eine Kindergruppe und deren spielerische Aktivitäten eher zu einer zusätzlichen Verunsicherung und Beunruhigung, d. h. zur Verstärkung der Probleme und deren Verfestigung beitragen. Eine Integration sollte also sorgfältig erwogen werden. In jedem Fall erscheint es sinnvoller zu sein, einen Eingliederungsversuch erst nach entsprechender Therapie des Kindes vorzunehmen. Ziel dieser Therapie sollte es sein, dem Kind Kommunikationsmöglichkeiten und Handlungskompetenz zu vermitteln, die eine rasche Einbeziehung in eine Kindergruppe voraussetzt.

9.2. Probleme von der Gruppe aus gesehen

Verallgemeinernd kann gesagt werden, daß die Integration von ‚Kindern mit besonderen Problemen' für eine Gruppe dann problematisch wird, wenn mehrere Kinder so schwer geschädigt sind, daß sie besonders viel Aufmerksamkeit und Hilfe von den Erzieherinnen benötigen. Demzufolge muß sich in einer solchen Situation das gesamte Gruppengeschehen den Bedürfnissen dieser Kinder unterordnen. Ähnliches kann auch dann der Fall sein, wenn einzelne Kinder von so großer Unrast, Unkonzentriertheit und mangelnder Kommunikationsfähigkeit sind, daß sie einen Erzieher fast allein beanspruchen, damit das Gruppengeschehen überhaupt aufrecht erhalten werden kann.
Zu überlegen ist ebenfalls der Umgang mit einem Kind, das sich

selbst in einem solchen Maße der Gruppe verschließt, daß diese es schließlich nicht mehr zur Kenntnis nimmt und die Isolation sekundär vollzogen wird.

10. Perspektiven

Wenn man die sozialwissenschaftlichen und psychologischen Erkenntnisse der Persönlichkeitsentwicklung und des Lernens mit den bisherigen therapeutischen und sonderpädagogischen Wissen und Erfahrungen bei ‚Kindern mit besonderen Problemen' in Einklang bringen will, dann kann das nur geschehen, indem diese Kenntnisse in unmittelbarem Miteinander dieser Kinder in den real existierenden Lebensbedingungen, wie sie für dieses Lebensalter der Regelkindergarten darstellt, geschehen. Ziel dieser Schrift war es, dazu einige Anregungen zu geben. Die noch geringen Erfahrungen auf diesem Gebiet und die daraus zu gewinnenden Erkenntnisse sollten mit wachem Geist von Wissenschaftlern und Praktikern aller Fachdisziplinen gemeinsam erweitert werden. Dabei hat sich die Forschung hier nicht als ein Selbstzweck der Wissensakkumulation zu verstehen, sondern als eine Parteinahme für diejenigen, deren Chancen zur freien Entfaltung ihrer Persönlichkeit vergrößert werden müssen.

LITERATUR

(1) Maneke, M. (Hrsg.), Sozialpädiatrie, p. 203, München 1979
(2) Hertl, M. und R. Hertl, Kranke und behinderte Kinder in Schule und Kindergarten, p. 9. Stuttgart 1979
(3) Opitz, H. und F. Schmid (Hrsg.), Handbuch der Kinderheilkunde, Band III, p. 424. Berlin 1966
(4) Ebd., p. 457
(5) Hellbrügge, Th. (Hrsg.), Klinische Sozialpädiatrie, p. 109. Berlin 1981
(6) Hertl, M. und R. Hertl, a.a.O., p. 29
(7) Veeneklaas, G. M. H. et al., Perspectieven in de psychosociale zorg voor het zieke kind, p. 110. Deventer 1978
(8) Jantzen, W., Sozialisation und Behinderung, p. 21. Giessen 1974
(9) Bundesvereinigung Lebenshilfe für geistig Behiderte e. V. (Hrsg.), Frühe Hilfen – Wirksamste Hilfen, p. 200. Marburg 1975
(10) Brinkmann, G. et al., Die soziale Entwicklung des Kindes, p. 26. München 1974
(11) Ebd., p. 27
(12) Piontkowski, U., Psychologie der Interaktion, p. 9. München 1976
(13) Mueller, F. und A. Thomas, Einführung in die Sozialpsychologie, p. 53. Göttingen 1974
(14) Watzlawick, P. et al., Menschliche Kommunikation, p. 53. Bern 1974
(15) Piaget, J., The language and the thought of the child, p. 65. New York 1971
(16) Watzlawick, P. et al., a.a.O., p. 92
(17) Mueller, F. und A. Thomas, a.a.O., p. 55
(18) Ebd., p. 57
(19) Pinkerton, Ph., Childhood Disorder, p. 48. New York, 1974
(20) Ebd., p. 92
(21) Brinkamnn, G. et. al., a.a.O., p. 20
(22) Hübner, B. et. al., Soziale Arbeit mit Kindern, p. 23. Stuttgart 1979
(23) Watzlawick, P. et al., a.a.O., p 48
(24) Götz, B. und J. Kaltschmid (Hrsg.), Sozialisation und Erziehung, p. 71. Darmstadt 1978
(25) Pinkerton, Ph., a.a.O., p. 22
(26) Hellbrügge, Th. et. al., Münchner funtkionelle Entwicklungsdiagnostik, p. 45, München 1978
(27) Pohl, M., Zum Problem einer schulischen Integration von Körperbehinderten, p. 14. Rheinstetten 1977
(28) Kalbe, U., Die Cerebralparese im Kindesalter, p. 12. Stuttgart 1981
(29) Finney, N. R., Hilfe für das cerebral gelähmte Kind, p. 56. Ravensburg 1979
(30) Kiphard, E. J., Wie weit ist ein Kind entwickelt, p. 93. Dortmund 1976
(31) Finney, N. R., a.a.O., p. 266
(32) Horstmann, T., Psychologische Aspekte der Frühförderung von Kindern mit cerebralen Bewegungsstörungen, p. 186. In: Forschungsgemeinschaft „Das körperbehinderte Kind" e. V. (Hrsg.), Frühförderung körperbehinderter Kinder. Rheinstetten 1976
(33) Gressmann, C., Die allgemeine Belastbarkeit des zerebralparetischen Kindes, pp. 100-101. Stuttgart 1973
(34) Wurst, F., Sprachentwicklungsstörungen und ihre Behandlung, p. 119. Wien 1973
(35) Biesalski, P., Zur Therapie bei Hörstörungen. Der Kinderarzt 12(1981), p. 1032
(36) Löwe, A., Früherkennung und Frühförderung, p. 158. In: Handbuch der Behindertenpädagogik, Band 2. München 1979
(37) Pelster, J. und Gabriel, P., Frühbehandlung hörgeschädigter Kinder als ärztliches Problem. Der Kinderarzt 12(1981), pp. 837-843
(38) Löwe, A., a.a.O., p. 234 ff.

(39) Fehlig, A., Zur Situation der hörgeschädigten Kinder in Deutschland. Der Kinderarzt 12(1981), pp. 1178-1180
(40) Wurst, F., a.a.O., p. 121
(41) Kröhnert, O., Zur Theorie und Praxis der Früherziehung in der Bundesrepublik Deutschland, pp. 6-27. In: Hörgeschädigtenpädagogik, Beiheft 3. Heidelberg 1979
(42) Wurst, F., a.a.O., p. 85
(43) Biesalski, P., Sprachentwicklungsverzögerungen. Der Kinderarzt 9(1978), pp. 62-67
(44) Wurst, F., a.a.O., p. 61
(45) Ebd., p. 62
(46) Atzesberger, M., Sprachaufbau, Sprachbehinderungen, Pädagogische Hilfen, p. 46. Stuttgart 1978
(47) Biesalski, P., Ärztlicher Rat bei Sprachstörungen im Kindesalter, p. 44. Stuttgart 1978
(48) Nissen, G., Psychopathologie des Kindesalters, p. 55. Darmstadt 1977
(49) Biesalski, P., Ärztlicher Rat bei Sprachstörungen im Kindesalter, p. 48. Stuttgart 1978
(50) Ebd., p. 71
(51) Blankenagel, A. et al., Hilfe für sehgeschädigte Kinder, p. 123. Stuttgart 1975
(52) Ebd., p. 125
(53) Ebd., p. 132
(54) Ebd., p. 85
(55) Ebd., p. 89
(56) Jentschura, G. und H. W. Janz, Beschäftigungstherapie, Band 2, p. 186. Stuttgart 1979
(57) Hertl, M. und R. Hertl, a.a.O., p. 51
(58) Blankenagel, A. et al., a.a.O., p. 76
(59) Bower, T. G. R., The perceptual world of the child, p. 81. Cambridge/Mass. 1977
(60) Jentschura, G. und H. W. Janz, a.a.O., p. 166
(61) Blankenagel, A. et al., a.a.O., p. 76
(62) Kalbe, U., a.a.O., p. 37
(63) Delacato, C. H., The ultimate stranger – the autistic child, pp. 67-76. Garden City 1974
(64) Kalbe, U., a.a.O., p. 34
(65) Illingwoth, R. S., The development of the infant and the young child, p. 258. Edinburgh 1975 (6. Ed.)
(66) Pohl, M., a.a.O., p. 17
(67) Matthes, A., Anfallskrankheiten. In: Kommunikation zwischen Partner, Heft 4, 2. Aufl., p. 21. Bundesarbeitsgemeinschaft „Hilfe für Behinderte" e. V. (Hrsg.). Düsseldorf 1978
(68) Harnack, G. A. (Hrsg.), Therapie der Krankheiten des Kindesalters, p. 740. Berlin 1976
(69) Freudenberg, D., Das anfallskranke Kind – pädagogischer Ratgeber für Eltern, p. 8. Deutsche Sektion der Internationalen Liga gegen Epilepsie (Hrsg.). Kehl-Kork 1971
(70) Schulte, W. (Hrsg.), Epilepsie und ihre Randgebiete in Klinik und Praxis, p. 230. München 1964
(71) Ward, F. und B. D. Bowes, A study of certain social aspects of epilepsy in childhood, p. 41. Kingswood (Surrey) 1978
(72) Matthes, A. und Freudenberg, D., Die geistig-seelische Entwicklung anfallskranker Kinder, pp. 38-39. In: Deutsche Sektion der Internationalen Liga gegen Epilepsie (Hrsg.), Die epileptischen Anfallskrankheiten (4. Aufl.). Kehl-Kork 1977
(73) Nitsch, K., Pädiatrie für Pädagogen und verwandte Berufe, pp. 98-99. Berlin 1976
(74) Maneke, M., Sozialpädiatrie, p. 274. München 1979
(75) Hertl, M. und R. Hertl, a.a.O., pp. 29-30
(76) Veeneklaas, G. M. H. et al., a.a.O., p. 24